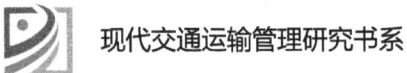 现代交通运输管理研究书系

长三角机场群协调运行管理关键理论与方法

Research on Hub-Airport-based Multi-airport System Coordination in Yangtze River Delta

韦 薇 ⊙ 著

北京·旅游教育出版社

策　　划：李红丽
责任编辑：李红丽

图书在版编目（CIP）数据

长三角机场群协调运行管理关键理论与方法 / 韦薇著. -- 北京：旅游教育出版社，2019.1
（现代交通运输管理研究书系）
ISBN 978-7-5637-3875-5

Ⅰ.①长… Ⅱ.①韦… Ⅲ.①长江三角洲－机场管理－研究 Ⅳ.①F562.85

中国版本图书馆CIP数据核字（2019）第020074号

现代交通运输管理研究书系
长三角机场群协调运行管理关键理论与方法
韦薇　著

出版单位	旅游教育出版社
地　　址	北京市朝阳区定福庄南里1号
邮　　编	100024
发行电话	（010）65778403　65728372　65767462（传真）
本社网址	www.tepcb.com
E - mail	tepfx@163.com
排版单位	北京旅教文化传播有限公司
印刷单位	北京虎彩文化传播有限公司
经销单位	新华书店
开　　本	710毫米 × 1000毫米　1/16
印　　张	11.5
字　　数	154千字
版　　次	2019年1月第1版
印　　次	2019年1月第1次印刷
定　　价	45.00元

（图书如有装订差错请与发行部联系）

前言 Foreword

随着社会经济的稳步增长和民航运输业的快速发展，我国民用机场发展凸显出新的问题：机场之间的竞争愈演愈烈，机场发展呈现两极分化局面。这主要表现在，大中型城市机场处于超饱和状态运行，航班延误现象日益严重，导致机场规模必须不断扩建，从而需要不断投入大量建设资金，土地和空域等资源也面临严峻挑战，机场运行安全、服务质量和运行成本等压力也随之增加，大型机场运行效率下降，规模经济优势逐渐减弱；而周边大部分中小机场却"饥渴难耐"，吞吐量不足，出现设施闲置、资源浪费、经营亏损的困境，每年还需政府大量的资金补贴。

针对我国机场发展进程中出现的新矛盾，《全国民用机场布局规划》（2008年）、《中国民用航空第十二个五年规划》（2011年）、2014年全国民航工作会议（2014年）以及《关于进一步深化民航改革工作的意见》（2016年）等文件陆续提出了发展"机场群"这一宏观战略。但是目前国内针对机场群协调运行、多机场管理模式的研究大多停留在宏观层面，为此，本书从理论探讨、模型建立以及实证分析等多个角度，遵循"提出问题、分析问题、解决问题"的逻辑顺序，采用理论研究与实证分析相结合、定性与定量相结合等方法，深入探讨我国机场群协调运行与管理问题。

首先，总结基于枢纽机场的区域机场群的概念和基本特征。以长江三角洲（以下简称"长三角"）机场分布密集区为研究对象，采用数据分析法，在总结国内外关于多机场系统和机场群概念的基础上，结合我国现阶段航空运输业发展现状、机场分布特点及其相互之间的利益关系，提出构建基于枢纽机场的区域机场群系统，并给出基于枢纽机场的区域机场群系统概念和基本特征。

其次，研究我国机场分布密集区域的经济、产业结构分布与航空运输市场相互间的关联性，以枢纽机场为核心的机场群内航空客流分布特征、航空客运量影响因素以及基于非期望产出的机场运营效率评价。其一，文中对长三角区域经济、产业结构与航空运输客货市场的因果关联性进行了深入分析。结果表明，长三角机场客货运量及各地区机场客货运量与区域经济及地区经济增长有着较为密切的联系，同时在促进经济增长方面机场群比单个机场更具优越性。其二，一方面本书运用连续函数的处理方法，引入旅客心理因素，建立了基于最小出行代价的航空旅客空间连续平衡选择模型，预测机场群内航空客流分布情况。结果显示，客流集中分布在枢纽机场周围，各机场运量呈现"马太效应"；另一方面，运用相关性分析、逐步线性回归、格兰杰因果关系检验法，科学分析区域航空客运量影响因素。其三，传统的机场运营效率评价模型，忽视了机场运营过程中航班延误、噪声及有害排放物等非期望产出带来的负面效应。书中引入非期望产出，即航班延误，来评价区域机场群内各机场运营效率。以上研究内容充分阐述了构建基于枢纽机场的协调运行的区域机场群系统的必要性，为研究机场群系统如何协调运行奠定了理论依据。

最后，探讨基于枢纽机场的区域机场群系统协调运行方法。分析基于枢纽机场的区域机场群系统形成的动力机制，借鉴机场生命周期理论、"多智能体"理论、"多机协调"理论以及"协同决策"理论，构建基于枢纽机场的区域机场群系统演化发展模型；对构建区域机场群系统产生的成本与效益进行定性分析；深入探讨区域机场群系统的结构模式、协调运行机制、管理与运行模式以及协调运行的政策与建议。笔者期待借由本书抛砖引玉，促进我国机场业学术研究的繁荣，推动我国机场业健康持续地向前发展。

本书的目标读者是需要解决围绕机场群协调运行方面现存问题的专业人士，诸如机场规划管理的各级管理者以及相关的科研教学人员；这本书也适用于交通运输工程学科民航运输领域的硕士生和博士生，帮助他们开拓研究视野，了解我国民航运输业发展前沿及研究动态。

本书由韦薇主笔，负责全书内容设计和章节内容撰写。在撰写过程中，南京航空航天大学民航学院夏洪山教授，上海工程技术大学航空运输学院姚红光、石丽娜副教授，中国民用航空华东地区空中交通管理局张荣及窦荣工程师给予了大力支持。在本书的准备和出版过程中，得到了上海工程技术大学的资金支持。旅游教育出版社的编辑对本书出版事宜给予了周密计划与鼎力相助。在此笔者一并致以最诚挚的感谢！

本书是作者博士和工作阶段多年学习和研究的心得积累，由于水平有限，书中谬误难免，望读者不吝指正。

韦薇
2018 年 8 月于上海

缩略词

缩略词	英文全称	中文含义
ACI	Airport Council International	国际机场协会
ADF	Augmented Dickey-Fuller test	扩充迪基－富勒检验
A–CDM	Airport Collaborative Decision-Making	机场协同决策机制
AOC	Airport Operation Control	机场运行控制
BOT	Build-Operate-Transfer	建设－经营－转让特许经营权
BAA	British Airport Authority	英国机场管理局
CRn	Concentration Ratio	行业集中度
CAA	Civil Aviation Authority（United Kingdom）	英国民航局
CDM	Collaborative Decision-Making	协同决策
CFMU	Central Flow Management Unit	中央流量管理机构
DEA	Data Envelopment Analysis	数据包络分析法
FAA	Federal Aviation Administration	美国联邦航空管理局
GDP	Gross Domestic Product	国内生产总值
HCI	Herfindahl Concentration Index	赫尔芬达尔集中指数
HHI	Herfindahl-Hirschman Index	赫尔芬达尔—赫希曼指数
IATA	International Air Transportation Association	国际航空运输协会
IFR	Instrument Flight Rules	仪表飞行规则
JPDO	Joint Planning and Development Office	联合规划发展办公室
MAS	Multi-airport System	多机场系统
MIT	Massachusetts Institute of Technology	麻省理工学院
MSA	Metropolitan Statistical Area	都市统计区
PP	Phillips and Perron test	菲利浦斯－佩蓉检验
RBS	Ration-by-Schedule	按时刻表分配
SFA	Stochastic Frontier Model	随机前沿分析法
TTC	Top Trading Cycle	首位交易循环
VFR	Visual Flight Rules	目视飞行规则

目录

第一章 绪 论 / 1

第一节 研究背景 / 1
 一、机场业面临的新形势与挑战 / 1
 二、机场业发展现状 / 2
第二节 研究对象及空间层次的界定 / 5
 一、机场规模的界定 / 5
 二、多机场系统及机场群的界定 / 7
 三、机场群的空间界定 / 13
 四、长三角区域航空运输业发展的现状与挑战 / 22
第三节 研究目的与意义 / 31
第四节 研究内容、研究方法及技术路线 / 32
 一、研究内容 / 32
 二、研究方法 / 34
 三、技术路线 / 35

第二章 相关研究综述 / 37

第一节 机场群协调运行管理模式 / 37
 一、国外研究现状 / 37
 二、国内研究现状 / 44
第二节 民航运输与区域经济的互动影响 / 49
 一、国外研究现状 / 49
 二、国内研究现状 / 50

第三节 机场群航空客流分布研究 / 50
   一、国外研究现状 / 51
   二、国内研究现状 / 51
第四节 机场运行效率评价方法 / 51
   一、国外研究现状 / 51
   二、国内研究现状 / 53
第五节 机场协同决策模型研究 / 54
   一、国外研究现状 / 54
   二、国内研究现状 / 55
本章小结 / 56

第三章 长三角区域机场群客运市场特征分析 / 58

第一节 长三角地区经济与航空运输市场综合分析 / 58
   一、区域经济发展特点分析 / 58
   二、区域经济与民航发展的互动影响机理 / 61
   三、长三角区域经济增长与民航发展的因果关系分析 / 66
第二节 长三角地区航空客运市场特征分析 / 78
   一、多机场区域交通系统基本假设 / 79
   二、机场引力函数 / 81
   三、平衡选择数学规划模型 / 82
   四、模型的有限元求解算法 / 82
   五、长三角机场群客运市场分析 / 83
第三节 长三角地区航空客运量影响因素分析 / 86
   一、长三角地区航空旅客运量影响因素的选取 / 87
   二、长三角地区航空旅客运量与影响因素格兰杰因果关系检验 / 92
   三、长三角地区航空客运量影响因素结果分析 / 93
本章小结 / 94

第四章 长三角区域机场运营效率的评价 / 96

第一节 包含非期望产出的机场运营效率评价 / 97

一、非期望产出的数学描述 / 97
二、基于非期望产出的机场运营效率评价模型 / 99
第二节 基于非期望产出模型的机场运营效率评价 / 100
一、决策单元和投入产出指标的选取 / 100
二、三种对比算例的划分 / 102
三、机场运营效率评价结果分析 / 103
第三节 对长三角多机场区域提高机场整体运营效率的建议 / 106
一、构建跨区域的综合管理机构 / 106
二、统筹考虑区域机场，优化航线网络结构 / 107
三、大型机场自我完善、提高效率、减少延误等非期望产出 / 107
本章小结 / 108

第五章 基于枢纽机场的机场群构建框架与协调运行 / 109

第一节 机场群形成的内外原因 / 109
一、应对航空运输业快速、聚集发展而形成 / 109
二、低成本航空公司的发展促使二级机场的崛起 / 110
三、高度发达的综合地面交通系统为机场群的构建创造了客观条件 / 110
四、顺应航空公司联盟的积极响应 / 111
第二节 机场群演化发展模型 / 111
一、时间演化模型 / 112
二、多智能体反馈演化模型 / 115
第三节 机场群结构模式 / 118
一、单中心机场群 / 118
二、多中心机场群 / 119
第四节 机场群协调运行的成本效益分析 / 119
一、机场群协调运行成本的具体分析 / 120
二、机场群协调运行效益的具体分析 / 122
第五节 机场群协调运行的基本原则 / 123
一、可持续发展的原则 / 124
二、符合我国国情原则 / 124

三、政府引导与市场配置相结合的原则 / 125

四、自愿平等、利益共享的原则 / 125

五、龙头带动、优势互补的原则 / 125

六、分步实施、有序推进的原则 / 125

第六节 机场群协调运行机制 / 126

一、机场群协调运行理论机制 / 126

二、基于协同决策的机场群协调运行机制 / 128

第七节 机场群协调运行管理模式 / 135

一、"联盟式"机场群 / 136

二、"分工协作式"机场群 / 138

三、"集团式"机场群 / 139

第八节 机场群协调运行的政策与建议 / 142

一、政府引导，政策配套 / 142

二、行业协调，落实措施 / 143

三、加强研究，循序渐进 / 144

四、合理定位，错位发展 / 144

本章小结 / 144

第六章 总结与展望 / 146

第一节 全书研究总结 / 146

一、主要研究工作 / 146

二、主要创新点 / 151

第二节 未来的研究展望 / 151

参考文献 / 153

附录1 我国干线机场 / 165

附录2 我国支线机场 / 166

附录3 离港旅客对机场评价问卷调查表 / 168

第一章

绪 论

第一节 研究背景

一、机场业面临的新形势与挑战

随着改革开放的建设和发展，我国经济发展势头迅猛，区域民航运输需求变得越来越迫切。由此，机场作为航空运输和城市的重要基础设施，其规模、数量和等级不断提高与扩大，运行现代化程度不断增强，初步形成了以北京、上海、广州三大枢纽机场为中心，在此基础上以昆明、成都、西安、重庆、乌鲁木齐、郑州、沈阳、武汉八大区域机场为骨干，以及众多干、支线机场相配合的基本布局。在这种良好的体系运作下以及社会经济稳步发展的驱动下，我国民航运输业取得了令世人瞩目的成果，已经成为仅次于美国的全球第二民航大国，正在向民航强国发展。面对民航运输业发展的大好形势，2012年7月8日国务院出台的《国务院关于促进民航业发展的若干意见》中提出了2020年发展目标：期望到2020年，我国民用机场总数达到240个，运输飞机4000架，旅客吞吐量达11.7亿人次，货邮吞吐量达2971万吨，航空运输业完成年运输总周转量1700亿吨公里，年均增长率达12.2%；航空服务覆盖全国89%的人口，安全水平稳居世界前列；初步形成安全、快捷、高效、绿色的现代化民用航空体系。据《2017年民航行业发展统计公报》统计，过去五年，全行业运输总周转量年均增长率12.2%，全行业旅客周转量年均增长率13.6%，全行业货邮周转量年均增长率8.2%；截至2017年年底，全行业完成运输总周转量1083.08亿吨公里，旅客运输量55 156万人次，货邮运输量705.9万吨，同比分别增长12.6%、13.0%和5.6%；我国共有颁证运输机场229个，民航全行业运输飞机期末在册架数3296架。由此可见，我国民航运输业正按照国家纲领性文件稳步快速向前发展，而且未来若干年内，我国民航运输业仍将处于快速发展时期和战略机遇期。

随着经济全球化的发展，全球航空公司加速整合，航空公司正日益趋向联盟化、多枢纽、大型化和全球化。今后航空运输业之间的竞争主要是航空公司之间的竞争，顺应航空公司联盟的发展，中国机场业同样需要组建自己的"航空母舰"，以发挥其正反馈作用，促进我国民用机场科学健康地均衡发展，迎接我国民航事业的美好未来，巩固我国在全球民航运输业的领先地位，实现从民航大国向民航强国的历史性跨越。面对发展机遇，《全国民用机场布局规划》提出了"构筑规模适当、结构合理、功能完善的北方、华东、中南、西南、西北五大区域机场群"的发展战略规划。《中国民用航空发展第十二个五年规划》中对建设机场群提出更高的要求和目标：促进珠三角、长三角、京津冀等区域经济发展，提升区域机场合作以及功能互补，形成区域联动的多机场发展体系；以需求为导向，满足不同区域经济发展和航空运输需求为前提，优化机场布局，加快机场建设，提升机场容量，重点是缓解现有大型机场延误以及容量饱和问题。

这一全新规划理念的提出，主要考虑到市场经济条件下资源整合的重要性和经济全球化下提高我国机场整体竞争力的紧迫性。相关研究资料表明，如果进行有效的航空资源整合，可以节省10%的运输成本，提高15%的运输效率。那么针对这一新的机场运行体系该如何构建和发展，对机场业提出了新的挑战。

二、机场业发展现状

改革开放之前，机场建设没有引入市场化机制，依然是传统的高度垄断的政企合一状态，这无疑使得我国机场建设本身受到了极大的制约性。因此，20世纪80年代，为了能够促进并提升我国整体航空运输体系的建设发展，中国民航业逐步推行市场化改革，开始了较大规模的放松管制改革尝试。如1988

年厦门机场由中央下放给厦门市政府管理,标志着机场属地化改革的开始;此后 1994 年上海机场下放给上海市政府管理;2002 年 3 月国务院《关于印发民航体制改革方案的通知》同意国家计委会同有关部门和单位研究提出的《民航体制改革方案》,2003 年 9 月国务院批复《省(区、市)民用机场管理体制和行政管理体制改革实施方案》,2004 年 7 月兰州、庆阳、嘉峪关、敦煌四个机场移交甘肃省政府,分别标志着机场属地化改革进入逐步推行、全面展开、完成的阶段。

机场属地化改革意味着机场经营、建设之间的分离,由此真正形成与西方发达国家类似的建管分离的方式,由此使得机场建设与管理更符合市场需求,为机场跨区域业务和产权合作打下了基础;同时改革也对民航旧的机场管理体制和航空运输业带来冲击和影响。随着我国社会经济的稳步增长和民航运输业的快速发展,我国民用机场发展进程中呈现出新的问题与矛盾。

1. 机场发展两极分化

机场发展呈现两极分化的态势:大机场过度饱和,中小机场举步维艰。机场属地化管理后,行政壁垒、地方保护主义对机场的影响更为突出;同时受航空放松管制的影响,航空公司将业务量过分集中于具有竞争优势的大中型城市机场,导致业务量快速增长,客货吞吐量饱和得"撑肚子",机场处于超饱和状态运行,造成空中交通拥堵,航班延误现象日益严重,服务质量不断下降,机场必须扩容改造。同时,由于机场属地化管理仅仅是资产上的交接,制度上没有对接,政策措施的缺失和问题很快显露出来。部分中小机场被地方政府接管后,没有真正与地方政府形成默契,从而导致它们本身一方面不再受中国民用航空局管理,而另一方面又因为衔接空白以及地方政府对于机场本身管理的重视不足,从而导致这些机场管理的缺失。受地方政府管理能力的缺失、集聚效应的影响,周边中小机场"饥渴难耐",陷入客源少、航班少、频率低的恶性循环,造成设施闲置、资源浪费、经营亏损。据相关资料分析,我国目前约有 2/3 的民用机场处于亏损状态。

政府和机场管理人员往往会忽视了我国民用机场发展进程中出现的这一矛盾:一方面投入大量资金,对机场实施更进一步的扩容改造,如"十三五"规划上海浦东和虹桥机场将进一步扩建,以适应日益增长的国际国内客货运需求;北京大兴国际机场新建工程如火如荼,使得土地和空域等资源面临严峻考验,随之带来机场运行安全、运行成本、运行效率的巨大压力;另一方面,周边中小机场为维持发展现状,每年还需从中央到地方各级政府吸纳大量资金给予补贴,这无疑会造成国家资源的浪费及财产的损失。

2. 机场之间的竞争日益加剧

其一,由于机场和航空公司之间的紧密关系,航空公司相互竞争客源的同时,导致机场竞争也是如此。其二,随着机场数量的增加和保障条件的提升,在机场分布密集区域内,如长三角区域、珠三角区域、京津冀区域、山东半岛区域出现机场同质化竞争问题。截至2017年,长三角区域内共分布18个机场(含军民合作);珠三角区域内共8个机场;山东半岛内如果以莱阳为中心,方圆150公里内共4个机场。如此密集的机场建设,一方面是资源的浪费,消耗大量的资源以及政府建设资金,另一方面密集的布局无疑容易导致恶性竞争以及机场设施利用效率低下,与最初预期效果相背离。尽管如此,区域内一些城市仍然筹建新机场,这样不仅造成大量资金积压、机场运营成本增大、资源利用率降低、运行效率下降;同时加剧城市压力、耕地破坏、环境污染等负面影响。

3. 航线结构不合理,加剧机场运量不稳定性

航空公司为获得更多的市场份额积极进行管理创新,加强市场拓展,建立航空联盟,提高服务水平,从而对整个航空运输网络运量产生巨大的影响。这主要表现为航线集中在枢纽机场,而忽略了其中转能力,从航线图上看,好像也呈散射状,但它并没有把航班衔接起来,仍然是点对点的两个航班的叠加。多机场区域内中小机场作为主要机场的替代,其运量波动较大,设施在其生命周期内闲置的可能性也较大。因而这种短期内的运量波动对区域内机场运营带来很大的压力和挑战。

新问题的不断出现极大地挑战了管理人员对机场运营的传统看法,试图构建以枢纽机场为核心的机场群,积极发挥枢纽机场的核心作用,以此为轴带动发展周边支线机场,通过相邻机场实现资源互补,缓解大型机场容量饱和的压力,避免中小机场资源浪费,提高区域内民用机场的整体运行和发展水平,促进区域机场的协调发展、枢纽航线网络体系的构建和我国民用机场科学健康的均衡发展,具有重要意义。

第二节 研究对象及空间层次的界定

一、机场规模的界定

在界定机场群及机场群空间层次的定义之前,首先厘清机场规模的类型。梳理国内围绕机场规模类型的界定,主要集中在以下三个方面。

其一,依托我国航空运输民航发展战略、发展趋势和实际情况,从国家战略层面对我国机场规模的类型进行了界定。依次有《关于加强国家公共航空运输体系建设的若干意见》(2008年)中明确提出加强北京、上海、广州三大门户复合型枢纽机场建设,以及昆明、成都、西安、重庆、乌鲁木齐、郑州、沈阳、武汉八大区域枢纽机场建设的发展战略。《全国民航冬春航班换季工作准备就绪》(2010年)中提出三大类型的机场名单,分别是三大门户复合枢纽——北京、广州、上海三大城市四个机场;八大区域枢纽机场——昆明、成都、西安、重庆、乌鲁木齐、郑州、沈阳、武汉;十二个干线机场——深圳、杭州、大连、厦门、南京、青岛、呼和浩特、长沙、南昌、哈尔滨、兰州、南宁。《国务院关于促进民航业发展的若干意见》(2012年)中确定了培育发展大型国际枢纽、门户枢纽和区域性枢纽机场的主要任务,即着力把北京、上海、广州机场建成功能完善、辐射全球的大型国际航空枢纽,培育昆明、乌鲁木齐等门户机场,增强沈阳、杭州、郑州、武汉、长沙、成都、重庆、西安等大型机场的区域性枢纽功能。《全国民用运输机场布局规划》(2017年)对目前机场布局现状评价为,北京、上海、广州机场的国际枢纽地位明显提高,成都、深圳、昆明、西安、重庆、杭州、厦门、长沙、武汉、乌鲁木齐等机场的区域枢纽功能显著增强。《国际航权资源配置与使用管理办法》(2018年)根据民航十三五规划确定的枢纽类别进行调整,将全国机场分为大型国际枢纽——北京、上海、广州;国际枢纽——天津、昆明、深圳、重庆、西安、乌鲁木齐、哈尔滨;区域枢纽——天津、石家庄、太原、呼和浩特、大连、沈阳、长春、杭州、厦门、南京、青岛、福州、济南、南昌、温州、宁波、合肥、南宁、桂林、海口、三亚、郑州、武汉、长沙、贵阳、拉萨、兰州、西宁、银川。《民用航空支线机场建设标准》(MH5023-2006)将支线机场界定为:设计目标年旅客吞吐量小于 50 万人次(含),主要起降短程飞机,规划的直达航班一般在 800~1500 公里范围内。

其二,国内相关学者(刘晓明,2006;汪泓,2008;徐豪杰,2011;朱冠文,2015)按机场在民航运输网络系统中所起的作用划分,从充分发挥机场功能、构建更为合理的机场布局体系结构以及有利于今后航空运输的建设出发,根据航空业务量的大小将我国运输机场划分为以下四种类型:大型枢纽机场、中型枢纽机场、干线机场和支线机场。如表 1-1 所示。

表 1-1 国内学者围绕机场规模研究汇总

作者	题目	主要内容
刘晓明 夏洪山 (2006)	《我国民用机场等级分布的合理性分析》	①大型枢纽机场,年吞吐量在 1000 万人以上; ②中型枢纽机场,年吞吐量在 300 万~1000 万人; ③干线机场,年吞吐量在 60 万~300 万人; ④1 类支线机场,年吞吐量在 2 万~60 万人;2 类支线机场,年吞吐量在 2 万人以下。
汪 泓 周慧艳 (2008)	《机场运营管理》	①大型枢纽机场:可按旅客吞吐量占全国总量的 10% 以上考虑; ②中型枢纽机场:可按旅客吞吐量占全国总量的 3%~10% 考虑; ③一般干线机场:可按旅客吞吐量占全国总量的 0.5%~3% 考虑; ④支线机场:可按旅客吞吐量占全国总量的 0.5% 以下考虑。
徐豪杰 (2011)	《基于聚类分析的我国机场分类研究》	①大型枢纽机场,吞吐量在 1500 万~7500 万,国内航线网络布局完整,航线发展以国际航线以及主要干线加频为目标;②干线机场,吞吐量在 100 万~1500 万,排名靠前机场的国内通航点较完整,重点开拓新航点和加大干线频率;排名靠后机场与一类机场之间的航班占整个机场航班量的比例很大,其余航线待开拓,网络布局待完善;③支线机场,吞吐量在 100 万以下,通航点各机场差异大。
朱冠文 (2015)	《枢纽机场的作用及其性质》	对我国枢纽机场进行了分类,分别是①国内枢纽机场,是国内各个航空公司的航线航班的交会中心;②国际枢纽机场,是国内外航空公司航线航班的交会中心;③复合枢纽机场,是兼具国内枢纽机场和国外的枢纽机场二者的特性,不仅是国内各航空公司的各个航线的中心,也是国外航空公司各个航线的中心。

其三，根据国际航空运输发展趋势，结合我国实际情况，从充分发挥机场功能以及有利于今后合理布局和建设出发，按照航空业务量在全国总量占比对区域内多个机场的等级层次进行划分，从而反映各机场在地域范围内的地位和作用，如表1-2所示。

表1-2 区域机场群内部的机场分类

核心机场——区域枢纽机场	年航空旅客吞吐量占区域机场群系统旅客吞吐总量的20%及以上
二级机场——辅助机场	年航空旅客吞吐量占区域机场群系统旅客吞吐总量的1%~20%
低利用率机场——潜在补给机场	年航空旅客吞吐量低于区域机场群系统旅客吞吐总量的1%

综合上述三种分类方式，以国家发展战略和政策文件为抓手，使用动态标准的方法，以机场的旅客吞吐量为依据，较为客观地反映不同机场在我国航空运输体系中的地位和作用，将机场规模类型和各类型机场成员界定如下：

（1）大型国际门户枢纽机场——国内、国际航线密集，年航空旅客吞吐量约占全国总运输量5%以上，分别是北京首都国际机场、广州白云国际机场和上海国际机场。

（2）国际枢纽机场——年航空旅客吞吐量占全国总运输量的3%~5%，如成都、昆明、深圳、重庆、西安、乌鲁木齐、哈尔滨等地机场。

（3）区域枢纽机场——年航空旅客吞吐量占全国总运输量的1%~3%。如天津、石家庄、太原、呼和浩特、大连、沈阳、长春、杭州、厦门、南京、青岛、福州、济南、南昌、温州、宁波、合肥、南宁、桂林、海口、三亚、郑州、武汉、长沙、贵阳、拉萨、兰州、西宁、银川等地机场。

（4）干线机场——年航空旅客吞吐量占全国总运输量的0.3%~1%。干线机场成员列表见本书末附录1。

（5）支线机场——年航空旅客吞吐量占全国总运输量的0.3%以下；所处地理位置在非首都、非省会、非自治区首府城市或较为偏远；机场在目前或可预见的时间内，进出港航线主要呈单向分布，非辐射性分布，航线以国内和省际为主，服务的旅客群体以本地为主。支线机场成员列表见本书末附录2。

二、多机场系统及机场群的界定

本书涉及两个重要的基本概念，"多机场系统"和"机场群"。因此，首先对它们进行界定。

1. 关于"多机场系统"（Multi-airport System-MAS）的界定

Richard de Neufville（1985）对当时世界主要大都市区的多机场系统在规划、建设和运营过程中出现的各类问题进行系统研究，首次界定了"多机场系统"（Multi-airport System）的概念。他认为：多机场系统就是在大都会地区提供商业运输服务的多个重要机场的组合，而忽略单个机场的所有权或者政治控制。随后关于"多机场系统"的概念，国外学者主要依据既有多个机场之间协调运行这一事实，进行了分析研究和总结概括，主要有六种描述：

（1）"国际机场联盟"（ACI）（2002）将"多机场系统"界定为由一个机场运营商或者一个机场管理机构管理的多个机场集合体。（Multi-airport system is defined as a set of airports managed by one individual operator or authority.）

（2）MIT 的 De Neufville 教授和 Odoni（2003）将"多机场系统"概括如下：为大都会地区提供商业运输服务的多个重要机场组合，这种组合不考虑各成员机场的资产所有权或机场所在地区的行政隶属关系。（Multi-airport system is defined as a set of significant airports that serve commercial transport in a metropolitan region, without regard to ownership or political control of the individual airports.）

（3）Hansen and Weidner（1995）将"多机场系统"定义为在都市连绵区内两个或多个机场提供民用航空服务，并且满足以下两个条件形成完整的机场系统：①系统内的各个机场由美国联邦航空管理局（FAA）统一运营管理，距离主要机场或 FAA 指定的大型枢纽社区 50 公里，或各个机场在同一个都市统计区域或合并的都市统计区域；②HCI（赫尔芬达尔集中指数）小于 0.95，HCI 是各机场多机场系统内的市场份额比例的平方和。（Multi-airport system is defined as two or more airports operating with scheduled passengers enplanements in a contiguous metropolitan area in such a way as to form an integrated airport system and satifies both of the following criteria：a. Each airport in the system is included in the same community by the Federal Aviation Administration（FAA）or within 50km of the primary airport of an FAA-designated "large-hub" community, or each airport is in the same Metropolitan Statistical Area（MSA）or Consolidated MSA. b. The Herfindahl Concentration Index（HCI）for the airports is less than 0.95. HCI is the sum of squared market share of all airports in an MAS.)

(4) Garriga(2003)根据机场的地理分布将多机场系统分为三种类型：①大都市型：位于主要城市，这里有超过 500 万居民，而且每年要运送超过 50 万人次的旅客；②区域型：比起大都市型的城市没有那么集中，但是拥有较大的区域覆盖范围；③群岛型：由于地形和地理原因，地面交通不发达，航空运输成为这些地区的主要交通工具，从而形成了一个机场网络。(Multi-airport systems have also been categorized into several types: a. Mega-polis, which are located in major urban concentrations handling more than 50 million passengers per year and having more than 5 million inhabitants; b. Regional territories, which are less concentrated areas than mega-polis and may possess large hinterlands but smoother urban settlements; c. Arachipelago, which are territories with land mobility constraints that result in a forced network of airports forming an airport system.)

(5) 美国联合规划发展办公室（Joint Planning and Development Office, JPDO）(2007)对多机场系统进行了定义，即有两个或者多个相邻机场组成的，进离场飞行程序高度相关的系统。JPDO 没有用 Multi-airport System(MAS)表示多机场系统，而是用了"Metroplex"，即"Metropolitan"和"Complex"两个单词的结合，强调区域多个机场之间飞行运行的协同性。(A metroplex is a group of two or more adjacent aerodromes whose arrival and departure operations are highly interdependent.)

(6) Atkins 和 Stephen(2009)对 JPDO 对多机场系统的定义进行了扩展补充，认为多机场系统是指一组具有多机场系统现象的机场。多机场系统现象指的是：在两个或两个以上的相邻机场之间，会造成其中一个或多个机场的容量、效率或安全性降低，或对环境的影响增加。(A metroplex is a set of airports that exhibit metroplex phenomena. Metroplex phenomena are interdependencies between operations at two or more closely-spaced airports that cause a reduction in capacity, efficiency, or safety, or an increase in environmental impact at one or more of the airports, relative to what the operations at those airports would be if each airport was the only airport.)

2. 关于"机场群"的界定

根据对国外"多机场系统"运行和管理的研究，我国的学者提出了"机场群"概念,主要分为两大类,其一是国内学者围绕机场群界定的学术研究,其二是国家战略层面界定的机场群的内涵。

(1) 2007年,北京航空航天大学张宁教授首次提出"机场群"的概念。他认为,按照资源优化配置的目标,依据航线布局、航班编排、空中交通管理、机场产业联合、航空运输合理化、地理限制、生态自然环境制约与国家区域发展战略的要求,优化配置空间区域并在此区域内形成机场协同关系,这些机场形成了机场群。这一概念类似于"多机场系统",主要强调了机场之间区位关联性和协调运行,以充分发挥机场资源和空域资源效用。随后国内学者围绕机场群的界定主要基于总结区域机场之间的协作途径和方式以及运营管理模式探讨等方面呈现的特点。张萌(2013)总结机场群主要有以下特点:①机场群成员机场的资产管理呈现多元模式,有涉及资产重组和产权转移的,也有自然进入联合体;②机场群的成员机场在跨行政区域的民航运输市场中合理战略定位和市场合理分工;③政府在对机场群发展和管理中,处于授权管理和行业监督角色。她认为单一机场无论如何运营,最终都会呈现两极分化的趋势,政府应通过政策和措施引导,形成区域性机场网络、机场联盟等。吴刚(2015)基于张萌的研究,对机场群的特点进行了补充:他认为在空中交通管理方面,机场群内所有航班通过统一的航班协同运行控制系统进行管理和运行,能够根据空中交通态势演化,实现协同调度和运行控制,具有飞行流量协同决策和管理功能,提供分钟级的航班时隙分配,实现对航班运行的准确控制。内部运行管理方面,机场群通过信息化,建设和运行着多机场联合运营智能指挥调度系统,实现机场群统一运行。左伟伟(2016)提出世界级机场群的概念,指出世界级机场群是服务于世界级城市群发展需求和国家战略发展需要,具有较高的国际影响力、控制力的若干大型机场和中小型机场在城市群空间范围内的集合。世界级机场群是机场群演进发展的高端形态,它以通达全球为目标,在航空运输规模、航空业务类型、航线网络通达性和综合交通枢纽地位等方面具有世界水平,承担着规模化、协同化、国际化、现代化的航空运输职能。其特性主要有:①运营规模庞大,等级结构分明;②实施分工合作,错位经营发展;③国际航空职能突出,与基地航空公司配合紧密;④地面交通体系完善,机场群运营高效。陈梵驿(2017)认为,机场群是一个城市或者一个城市群拥有两个及其以上的提供商业运营的机场,在伴随着区域经济一体化趋势和综合交通运输日益发达的过程中，相互作用逐渐加深，由一个个独立的机场成为一个整体的机场集合，称之为"机场群"。他还总结了机场群的五大特征：①机场群既包括一个城市内产生的"一市两场"或"一市多场"的情况，又包括多个城市构成的城市群所产生的"多市多场"的情况；②机场群仅针对提供旅客运输和货物运输等商业用途的机场（包括军民合用机场）；③系统内部各机场共享一个区域内的航空运输市场，服务范围具有不同程度上的交叉重叠；④系统内部的机场具有不同的地位和作用，存在一个或多个核心机场；⑤系统内部各机场联系紧密，具有较强的互相作用，每座机场并不是独立的个体，而各机场加在一起构成一个完整的系统。

（2）国家从战略层面也先后提出机场群的规划理念，分别是2008年国务院批准的《全国民用机场布局规划》、2011年《中国民用航空发展第十二个五年规划》、2014年全国民航工作会议和2016年《关于进一步深化民航改革工作的意见》。两《规划》将全国机场按其民航管理区域的行政归属，分为"五大机场群"，并分别提出了各机场群的未来发展重点：

①北方机场群：以北京首都机场为核心枢纽，围绕东北振兴和天津滨海新区，借助于优越的地理位置以及良好的资源优势，从而更好地提升区域经济发展。周边机场包括天津机场、大连机场、沈阳机场等。

②华东机场群：华东地区作为我国整体经济发展最快也是经济最为发达的地区，其整体机场群建设主要是围绕上海浦东国际机场，培育其发展成为具有较强竞争力的国际枢纽机场，发挥周边上海虹桥、杭州、南京、厦门、青岛在内的区域枢纽机场作用，以及济南、福州、南昌、合肥等机场的骨干作用，共同服务于长三角地区、海峡西岸经济区和山东半岛蓝色经济区的发展。

③中南机场群：中南机场群的建设围绕广州白云国际机场，将其培养成为具有较强竞争力的国际枢纽机场，发挥武汉、郑州在内的区域枢纽机场作用，深圳、长沙、南宁、海口等干线机场以及河池、神农架等支线机场在区域内的骨干功能，共同满足珠三角地区、中部崛起、北部湾地区、海南国际旅游岛的区域发展。

④西南机场群：西南机场群主要是以昆明机场为核心，成都、重庆机场作为区域枢纽，立足于两大城市的经济发展基础之上，不断加速西南地区航空运输发展速率，稳步发展黔江、康定、腾冲、六盘水等支线机场，促进少数民族

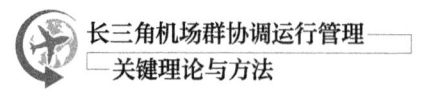

地区经济发展，为旅游资源开发提供交通保障。

⑤西北机场群：西北机场群以乌鲁木齐机场为核心，强化与中亚地区之间的合作，同时向东部延伸，提升西安机场的区域枢纽功能，并由此进一步辐射至包括西宁、银川等经济发展相对落后的区域，发展天水、固原等支线机场。

2014年全国民航工作会议中提出主要任务之一：进一步完善航线网络，加快大型国际航空枢纽建设，以京津冀、长三角、珠三角等地区为重点，构建协同运行的机场群。2016年《关于进一步深化民航改革工作的意见》中提出改革任务之一：以北京、上海、广州等大型国际枢纽为核心整合区域机场资源，实现区域机场一体化发展，服务国家打造京津冀、长三角和珠三角等世界级城市群，建设三大世界级机场群。

3. 辨析多机场系统与机场群之间的差异

国家战略中界定的"机场群"概念，主要依据我国民航地区管理局的现行行政管辖范围，形成了以民航地区管理局为基础的五大机场群，2014年全国民航工作会议提出的机场群，将其划定范围进行调整，从基于我国民航地区管理局的现行行政管辖范围，转变为依托三大经济都市圈。"两《规划》一《会议》"提出的机场群及其机场之间的联系主要依赖于航空公司所经营的航线网络战略，机场之间并不存在除了市场之外的任何其他直接关联性，地面交通、航线网络、运营管理等方面的功能合作联系更是空白；2016年《关于进一步深化民航改革工作的意见》中开始强调依托地面综合交通，打破壁垒，形成以枢纽机场为核心的、区域机场一体化发展的机场群体系。

国外的机场群大多数是在政府的前期规划推动下，依据目标及发展需求，动态地、有计划地、逐步地建设了一市多个机场或一个区域内多个机场，通过资源整合形成跨越行政区域的多机场合作运行模式。这种多机场系统的协调运行和管理，在规划和投资建设之时已经解决。其一，规划和投资建设之时已经确立了共同的投资主体，成立统一的协调机构，拥有对该系统中所有成员机场的运行管理和资源统配的权力，所有成员机场是利益共同体。这是国外机场群得以协调运行的关键机制。其二，围绕"政府引导，政策协调""资源整合，协同运行""定位清晰，错位经营"三个方面落实机场群协调管理机制。其三，在机场群协调运行层面，在协调机构的统一管理下，依托协调管理机制统一机场发展规划、机场建设与机场资产，统一协调各成员机场的市场和利益，统一协调航线布局、空域资源和飞行程序运行，统一调配机场设备和技术，共享机场资源，实现成员机场的合作共赢，促进区域机场群的协调运行与健康发展。

本书所讨论的区域机场群是指在经济区或城市群区域内存在一个或多个枢纽机场以及多个相邻的中小型机场，它们共同服务于同一个航空运输市场，在充分发挥区域枢纽机场"核心"和"带动"作用的基础上，依托成熟便捷的地面交通网络，通过协调管理机制统一机场发展规划、机场建设与机场资产，统一协调各成员机场的市场和利益，统一协调航线布局、空域资源和飞行程序运行，统一调配机场设备和技术，共享机场资源，实现成员机场的合作共赢，促进区域民航和经济的协调发展。另外，本书所研究的区域机场群在建设和规划时没有按照机场群的理念和管理模式建设，这就使得我国区域机场群的建设与管理难以借鉴国外多机场系统的经验和教训，必须依托区域经济发展的战略及规划，服从于区域航空经济活动的聚集与分布需求，以缓解航空交通拥堵、提升城市综合实力、提高国际与区域航运竞争力和客货物流运行效率为目标，在整合过程中积极探索出基于自身特点的发展模式。

三、机场群的空间界定

1976年，Rubin和Fagan在研究区域多机场环境中旅客选择机场行为因素时，开始使用"Multi-airport Region"的概念，本书中译为"多机场区域"。早期的多机场区域主要是指一个大都市拥有多个民用机场。这类多机场区域的特点是，区域以一个枢纽机场为主，周边存在多个中小机场。随着区域经济、区域空间、区域综合交通运输网络发展到一定规模，多机场区域发展成为由若干个不同性质、类型和等级规模的城市组成的城市群内拥有相对密集的多个机场，为区域机场体系提供了巨大且多元化的航空需求。

我国国家战略对机场群依托的空间范围界定发生了三个层次的变化，从初期基于我国民航地区管理局的现行行政管辖范围，继而为我国三大经济都市圈，再到依托并服务国家三大世界级城市群——京津冀、长三角和珠三角。特别在《2018年全国民航工作会议》中提出的民航大国向民航强国发展战略实施任务中，明确提出到2035年机场群与城市群深度融合发展，强调城市群为区域机场体系提供巨大且多元化的航空需求，成为支撑国际经济竞争的主要空间载体和促进国家经济发展的主要驱动力。

国内外围绕机场群空间层次的界定，经历了都市圈——经济圈——城市群的演变过程。机场群发展依托的空间层次不是一个孤立、封闭的体系，而是城市之间社会经济相互作用力的结果，是地域城市化的空间形式。为了明确该研究对象的含义，下文将首先梳理国内外学者对城市空间形式（都市圈与城市群）概念的界定及其演化过程，其次辨析两者之间的差异，最后界定长三角机场群的空间范围。

1. 城市空间形式概念界定的发展演变过程

（1）都市圈

日本城市地理学者于1950年提出"都市圈"（Metropolitan Area）的概念，1990年给出"都市圈"的定义，是指由中心城市及其周边构成的地区，即人口在10万人以上的中心城市及其周边的日常生活区域为都市圈。中心城市是都市圈中的核心行政市，周边地区是与中心城市在社会、经济等方面联系密切的地区。

美国采用"大都市区"（Metropolitan Area）的概念。美国人口普查局（1910）首次采用"Metropolitan District"，国内译为"大都市区"或"城市地带"。它的空间界线取决于地区的实际人口而忽略了行政界线，其覆盖的范围随人口的变化发生着波动。此后对这一概念又做了多次修订，为了确定城市的实体界限提出"城市化区域"（Urbanized Area）；1949年美国预算局提出"标准大都市区"（Standard Metropolitan Area）；1959年改称为"标准大都市统计区"（Standard Metropolitan Statistical Area）；1983年，为了便于管理，将"标准大都市统计区"又改称为"大都市统计区"（Metropolitan Statistical Area），这是美国官方所制定的用来进行管理和财政预算的空间范围；1990年美国将其定名为"大都市区"（Metropolitan Area）（Michael，1985），规定每个大都市区应由一个人口在5万以上的核心城市化地区，以及围绕这一核心城市化地区的中心县和外围县构成。2000年，美国行政管理和预算局又提出"核心基础统计区"（Core-Based Statistical Area）包括大都市统计区（Metropolitan Statistical Area）和小都市统计区（Micropolitan Statistical Area）两大类。

英国统计部门则使用"城市圈"的概念，将其定义为地方行政区域结合体。主要从统计学角度提出类似于美国的标准大都市区（Standard Metropolitan Area）的空间单元，并从人口密度、城镇职能及空间景观等方面提出限制条件以界定空间范围。

国内于20世纪90年代提出"城市圈"(如武汉)和"都市圈"(如哈尔滨)两个地域术语概念,其实两者的基本内涵完全相同。若仅从字面上理解,前者更关注都市圈外围形成的城市,后者则强调外圈城市形成的内核为大都市(崔功豪,1992;胡序威等,2000;徐学强,2005;连玉明,2005;胡序威,2014)。

在城镇化进程中,现将许多距离都市中心较远、城镇化水平和城镇人口密度较低的周边中小城市一起归入都市圈内,若考虑这些周边中小城市与中小都市较紧密的经济联系,可将其称为"都市经济区"或"都市经济圈"。都市经济圈属于经济学范畴的概念,具有非政治化、非意识形态化的特点,其主要存在的意义是为区域经济发展而服务的。在我国,"都市经济圈"是20世纪90年代开始逐渐出现的中文地域经济用语,主要从地域的自然资源、经济技术条件和政府的宏观管理出发,组成某种具有内在联系的地域产业配置圈,其往往是在一定自成体系的自然地域系统之上、由经济联系紧密的若干城市单元组成。它是一定区域范围内的经济组织实体,是生产布局的一种地域组合形式。我国改革开放以来,逐渐形成了珠江三角洲经济圈、长江三角洲经济圈和环渤海(京津冀)经济圈。

(2)城市群

城市群概念最早由英国"花园城市"之父埃比尼泽·霍华德(Ebenezer Howard)在《明日:一条通过真正改革的和平道路》(1898)一书中提出。他提出了建设新型城市的方案,有了城市群的原始想法,强调由独立的城市发展向组合式的城市协调发展方向发展的构想。随后帕特里克·格迪斯(Patrick Geddes)在《进化中的城市——城市规划与城市研究导论》(1915)一书中首次提出小镇集群(town cluster)的概念。他认为城市的规划应该建立在客观现实的基础上,需要周密分析地域环境的潜力和限度对于居住地布局形成与地方经济体系的影响关系,大大突破了一般城市的常规范畴。20世纪30年代,英国学者C.B.福塞特(C.B. Fawcett)在《英国城市地区人口分布》一文中提到了城市用地连续区的问题,认为城市会一直不断发展,区域也会不断扩大,形成"组合城市"。苏联学者也提出过类似城市群的概念,如"城市经济区""经济城""规划区"等。以上城市群概念着力于城市发展规划初期提出的设想和理念。

随着经济、社会的发展,人类进入20世纪后,西方发达的资本主义工业化国家先后进入了城市郊区化的阶段,随着大量人口、产业的离心状运动,城市空间结构由高度集中转向分散,借助联系方便的交通运输网络,使一些在经济、社会、文化等各方面活动有密切交互作用的巨大城市地域成为现实。正是在这样的背景下,戈德曼(1957)在研究美国东北海岸的特大城市区时首次提出"megalopolis",国内一般称为城市连绵区,有的称为城市带。后来国外学者先后用"extended metropolitan regions""dispersed metropolis"和"metropolitan interlocking regions"等英语词汇来表达城市连绵区。城市连绵区这一空间形式在发达国家和发展中国家早已出现,是指以若干城市区域的空间组合的多级城市形式出现的特殊城市化空间概念,一般指几个大都市地区连成一片的地带。戈特曼(1976)在进一步研究的基础上提出城市群概念,指出城市的发展呈现出聚集现象,形成了城市群,城市群内部各城市在空间上相连,在贸易、文化、科技、人口等方面都有紧密联系。

国内姚士谋首次提出城市群概念,就是指内部具有功能和空间上紧密联系的城市群体,是在特定的地域范围内具有相当数量的不同性质、类型和等级规模的城市,依托一定的自然条件,以一个或两个特大或大城市作为地区经济的核心,借助于综合运输网的通达性,发生与发展着城市个体之间的内在联系,共同构成一个相对完整的城市"集合体"(姚士谋等,1992、2001、2006)。胡序威(2000)提出"城镇密集地区"概念,方创琳等(2010,2014)提出的"城市群"有关基本概念、指标分类及内涵,他们相互之间有很大的相似性,但都具有科学意义的本质问题。

城市群这一概念已被学术界广泛认可和政府部门接受。2014年12月在北京召开中国城市群发展高层论坛,吴良镛、陆大道、徐匡迪、周济等院士参加,还有地理界的20多名专家学者。会议一致认为,城市群是推进新型城镇化的主体,是今天和未来中国社会经济发展的战略增长极。《国家新型城镇化规划》(2014—2020)提出:"以城市群为主体形态,推动大中小城市和小城镇的协调发展。"《国家十三五规划纲要》明确提出,建设京津冀、长三角、珠三角世界级城市群。

2. 辨析都市圈与城市群之间的差异

(1)空间形式的差异

城市地带、城市连绵区、城市群、都市圈都是用来研究城市化空间形式的概念。随着城市的扩大，尤其是像美国这样的发达国家，现代交通使城市不断蔓延，城市与农村之间的界限越来越模糊。这些超越城市行政管辖范围，建筑物、交通等城市用地占很大比例的城市地带又相互联结，使城市与城市之间的界线变得模糊，从而构成了城市连绵区。可以想象，城市连绵区空间范围最大，一个城市连绵区常常是一个国家的经济走廊。其次是城市群，一个城市连绵区常常包括几个城市群，最小的是城市地带都市圈，一个城市群可以包括几个大都市地区。都市圈的空间界限并不十分明确，常处于动态变化之中。全球化正日益改变着城市体系，其空间表现形式也处在不断变化之中，城市地带、城市连绵区、城市群、都市圈是一定城市化条件下出现的阶段性城市空间形式。

（2）本质特征的差异

都市圈的本质意义是为满足人类社会构建城市生活圈的发展需要而界定的城市空间范围，是一日生活圈、通勤圈、购物圈和日常活动圈，在这一范围内组织、优化城市生活。与城市群相比，都市圈在不同城市的跨区域的产业结合上更为紧密，在城市间要素流动与资源整合上更为密切。都市圈是城市群的战略支持，是承接城市群核心城市辐射力和影响力，并向城市群末梢传递信息，产生带动效应的枢纽。都市圈的空间范围有上限，一旦成熟，规模上不能无限扩大。

城市群的本质特征是资源一体化优化配置，生产活动一体化考虑，整合区域资源以提高区域竞争力，协同发展以实现环保节能，提高生产与流通效率的协同发展区域；是以资源环境一体化优化为根本目的的地域空间。城市群的空间范围可以不断发展成长，没有上界。

（3）交通需求特性的差异

都市圈内的交通需求是每天的、频繁的生产和生活出行需求，以通勤客流为主；出行目的以通勤出行和日常生活出行，以及都市圈内短距离出行为主；出行方式以城市轨道交通、通勤铁路和公交为主导，需求特性呈现明显的峰值特性与高频度特性，便捷、可达性要求高以及通勤交通出行需求大。

城市群的交通需求是生产要素和资源优化配置一体化带来的交通需求，这种需求是由城市群中不同城市的功能定位和产业结构布局决定的，进而促使了区域高度聚集的区域交通走廊的形成，呈现出以该走廊为轴线的产业集聚带，这与我国提出的"一带一路"倡议的本质相似。出行目的是群内资源优化配置和上下游产业链之间的原材料、半成品、成品的货物运输，以及城市间大量的商务及旅游等中长距离出行为主；出行方式是航空、铁路和公路运输并重，航空提供远距离、时效性高、小量的客货运服务，铁路提供大量、高效率的客货运服务，公路满足小量、多次、短距离、门到门的货运服务；需求特性呈现出行频度较低、时间分布均匀和多层次的运输需求，要求大幅度缩短通道交通时间和提供高速度的通道交通服务。

（4）交通系统特点的差异

都市圈内的交通系统以城市轨道交通和市郊通勤铁路采用公交化的运营模式与服务水平提供客运服务。城市群内的交通系统呈现出三个特征：客运以枢纽航空、干线航空、干线铁路、城际铁路和长途公共汽车运输为主；货运以航空、铁路、公路运输并重；要求有便捷的货运通道、货物集疏运体系以及高速、便捷的客运服务体系。

通过上述都市圈和城市群的辨析可见，城市群是社会经济和城市发展到一定阶段后的经济发展和空间组织形式，是地域上集中分布的若干都市圈和城镇依托发达的交通通信等基础设施网络而集聚形成庞大、多核心、多层次的城市密集区，是生产要素、空间资源和流通市场一体化优化的对象空间，是空间组织紧凑、经济联系紧密、人员来往频繁并最终实现高度同城化和高度一体化的城市群体。城市群通常拥有较大的面积规模（面积大于 2000 平方千米）和较高的人口密度（人口密度 ≥ 300 人/平方千米）。

3. 长三角机场群的空间范围界定

本书所界定的机场群空间区域不仅仅限于早期的一个大都市内存在多个机场的情况，而是由若干个城市组成的城市群或经济区内拥有相对密集的多个机场。城市群或经济区是支撑国际经济竞争的主要空间载体和促进国家经济发展的主要驱动力，其发展到一定规模之际，为区域内机场体系提出巨大且多元化的航空需求，枢纽机场依附于区域内中心城市而发展壮大但随之因集聚效应出现容量受限、航班延误、机场服务质量下降等问题，促使周边城市辅助机场的建设与发展，由此在地理空间和经济空间的共同作用下，依托城市群或经济区背景下的机场群体系成型并发展。其特点是多机场区域内除了若干中小机场外，存在一个（单核）或多个（双/多核）枢纽机场，此时多个机场为大都市圈内多个城市提供航空服务，机场之间存在激烈竞争。

基于我国经济区发展现状以及全国机场布局，目前我国多机场区域主要有长三角多机场区域（单核）、珠三角多机场区域（多核）和环渤海多机场区域，结合机场群概念的界定，三大经济区分别对应三个机场群。其中，长三角区域机场群最具代表性。

就机场群空间而言，长江三角洲都市圈是继"世界五大都市圈"后的第六大新兴都市圈。前五大都市圈分别是北美五大湖城市群、美国东北部大西洋沿岸城市群、英国城市群、欧洲西北部城市群和日本太平洋沿岸城市群。2008年9月16日，《国务院关于进一步推进长江三角洲地区改革开放和经济社会发展的指导意见》将长三角区域范围由原先"两省一市"16个城市（包括上海、南京、苏州、无锡、常州、镇江、扬州、泰州、南通，杭州、宁波、湖州、嘉兴、绍兴、舟山、台州）扩至沪苏浙"两省一市"全境，区域界定由狭义的长江三角洲过渡为广义的长江三角洲。长三角地区具有如下得天独厚的综合优势：

（1）区位优势

长三角地区临靠东海、黄海和长江，集"黄金海岸"和"黄金水道"于一身，具有面向海洋、依托长江、倚靠内陆发达交通联系世界各地的区位优势。长三角地区综合交通发展突飞猛进：无锡、上海两地公交公司率先推出"一卡两刷"服务；沪宁、沪杭、宁杭、苏嘉杭高速公路网络实现；新长铁路、京沪高速铁路、沪杭高速铁路以及南京长江三桥、润扬长江大桥、杭州湾跨海大桥、苏通长江大桥、南京长江四桥相继建成；浦东国际机场、虹桥国际机场、苏南硕放国际机场、杭州萧山国际机场等机场扩建工程相继投入。从而真正实现了长三角都市圈内中小城市"3小时互通"，所有地区"20分钟上高速"，上海与长三角以外周边地区"5小时沟通"，形成了以上海为中心、覆盖长三角的"半日交通圈"。

（2）产业优势

上海着力于集散、生产、管理、服务和创新五大功能，主要集中于知识密集型服务业、高新技术制造业及研发型上游产业；南京、镇江、扬州、泰州为沿江重化工业基地，主要以汽车、石化、电子、机械等产业为主；无锡、苏州、常州、南通以机械、电子、纺织、服装等机电、轻纺业为主；杭州、嘉兴、湖州、绍兴在轻工业和基础性的重工业领域略显优势，主要有纺织、机电、印刷、食品等产业；宁波、舟山地区为港口和重化工业区，重点以石化、建材、服装、港口设备、船舶制造和海洋产业为主；台州主要以医药制造业为主，拥有全国最大的化学原料药品出口基地，多个产品在国际市场上具有较高占有率。长三角地区这些产业发展势头迅猛，是带动长三角经济发展的主导力量，同时是内外经济联系的纽带。

（3）人力资源优势

长三角地区科教事业发达，技术与管理先进，人力资源整体素质较高，人才数量逐年增加。以上海为例，2017年5月上海市总工会通报了五年一次的职工队伍状况调查情况。调查显示，上海劳动关系呈现学历结构不断优化、技能人才比例不断提升的特征。

（4）经济优势

长三角地区以其优越的区位条件、丰富的劳动力资源和一定基础的交通设施网络成为国内外投资的热点。据统计，广义长三角地区2017年在面积只有国土面积2%、人口约占全国11.6%的情况下，创造出占全国总量20.3%和58.6%的国内生产总值和出口贸易额，经济实力已超过珠三角和京津冀地区（见表1-3），在我国经济建设中具有举足轻重的地位。

表1-3 2017年三大经济区主要经济指标比较

	长三角	珠三角	京津冀
人口（万人）	16 105	5528	11 247
土地面积（万平方公里）	22	18.1	21.6
国民生产总值GDP（亿元）	167 802.8	75 809.7	82 559.8
第一产业增加值（亿元）	4186.1	1224.3	3846.7
第二产业增加值（亿元）	50 153.2	31 894.7	30 317.5
第三产业增加值（亿元）	91 231.9	42 690.5	48 395.6
社会消费品零售额（亿元）	67 875.7	52 788.8	33 212.4
外贸出口总值（亿美元）	12 908.6	5745.4	1299.4
外贸进口总值（亿美元）	7907	3607.6	3435.6
说明	长三角地区即"两省一市"，由江苏、浙江和上海组成。		
	珠三角地区由广州、深圳、佛山、珠海、东莞、中山、惠州、江门和肇庆9市组成。		
	京津冀地区即"两市一省"，由北京、天津和河北组成。		

（5）航空优势

长三角地区是目前我国航空运输业务量最大的地区。在全国旅客吞吐量排名前十位中，上海浦东国际机场和上海虹桥国际机场多年来稳居第三、第四位；杭州萧山国际机场、南京禄口国际机场同样毫不逊色，货邮吞吐量位居全国机场前十，起降架次稳居全国前列。

（6）广泛的协作基础

长三角区域经济社会的快速发展，带来许多区域协调与合作问题，而区域间各个城市作为相对独立的利益主体，地方政府不仅仅是一个纵向依赖的行政组织，同时也是具有独立解决利益的经济组织，这种自利性在地方与周边的利益博弈、利益竞争中体现得最为明显。自改革开放以来，长三角地区逐步意识到区域协调与合作的重要性，通过实践形式多样的跨区域合作治理策略与机制，如联席会议、座谈会、论坛、合作专题等，达到满足区域治理、资源整合以及提升整体区域竞争力的实效。

1982年，国务院决定成立上海经济区域规划办公室，该机构由国家计委、国家经委、江浙沪两省一市省长市长、机械部、水电部、交通部、化工部、信息产业部、纺织部、轻工部、经贸部等负责人组成，管辖以上海为中心，包括杭州、常州、无锡、苏州、南通、嘉兴、湖州、宁波和绍兴在内的10个市级城市，主要任务包括上海经济区的规划、上海经济圈发展战略的制定以及经济区内各产业部门间的协调与合作。这一组织机构的成立标志着长三角区域政府合作协调共识的开始。但由于当时整个经济体制正处于从计划经济向市场经济的转型，合作基础非常脆弱，到1988年仅存在了5年就因机构精简被裁撤。不过，它的成立为区域一体化提供了宝贵经验。

1992年，为推动和加强长三角地区经济联合与协作，促进长三角地区的可持续发展，区域内上海、无锡、宁波、舟山、苏州、扬州、杭州、绍兴、南京、南通、泰州、常州、湖州、嘉兴、镇江15市，建立起长三角城市协作部门主任、市长联席会议制度。截至2013年4月13日该联席会议已召开过13次，商讨合作领域涉及旅游、商贸、农业、科技、知识产权、产学研合作、现代物流业整合、医疗保险以及港口发展等。

2000年，长三角地区两省一市建立起由常务副省长和常务副市长参加的"沪苏浙经济合作与发展座谈会"合作机制，采取通过政府之间的沟通与协调，推动区域经济的合作。此后2003年、2004年两省一市的高层领导频频互访,达成了一系列的一体化共识,共同推进长三角地区一体化。一系列合作实践表明,区域内各主要城市的竞争观念已经发生了由单纯的对立式竞争转向合作式竞争的重大转变,使这一地区逐渐形成了广泛的协作基础。

上述有利条件使长三角地区成为中国三大经济区最具活力的经济开放区,也是环太平洋地区、太平洋两岸经济带之中最具潜力的经济增长极;是我国经济发展的中心地带,是全国发展速度最快、投资环境最佳、经济内在素质最好的地区之一。同时上海作为长三角地区的核心城市,以其较强的经济实力,优良的投资环境,完善的综合交通网络,确立了其"龙头"地位。长三角都市圈将形成"一核两翼、两主轴、两副轴"的网络化发展的空间布局:"一核"即龙头城市上海;"两翼"是指以杭州为中心的南翼和以南京为中心的北翼;"两主轴"是指从上海到南京发展轴和从上海到杭州发展轴;"两副轴"是指从上海到宁波的沪甬发展轴和从上海到南通的沪通发展轴。这一布局为长三角区域以上海浦东机场为枢纽中心的机场群的发展创造了良好的外部条件。本书将以"长三角经济区"为空间区域研究对象,并将"长三角区域"界定为"两省一市"16个城市。

四、长三角区域航空运输业发展的现状与挑战

1. 长三角区域机场发展现状

受历史原因的影响和经济发展的驱动,广义长三角都市圈内共建有18个机场(含军民合用机场,统计数字截至2017年)。其中,长三角核心区16个城市共有民用机场12个,长三角地区主要机场的发展现状如下:

上海浦东国际机场(PVG):上海浦东国际机场始建于1997年,于1999年9月建成通航。2015年12月,机场三期扩建的主体工程卫星厅工程开建,预计2019年建成。目前该机场是中国三大门户复合枢纽机场之一,长三角地区国际航空货运枢纽群成员。浦东国际机场占地面积为82.4万平方公里,飞行区标准为4F,可满足A380等大型飞机的起降要求。机场拥有4条跑道、2座航站楼、149万平方米的停机坪、218个机位以及3个货运区。目前上海浦东国际机场与110家中外航空公司建立了业务往来,联通全球47个国家和地区的297个通航点,2017年旅客吞吐量7000.12万人次,年货邮吞吐量382.43万

吨，年起降 49 万架次，分别位居中国第 2 位、第 1 位和第 2 位。

上海虹桥国际机场（SHA）：上海虹桥国际机场始建于 1907 年，分别于 1963 年、1984 年、1988 年、2006 年进行过四次大规模改建和扩建，形成 2 座航站楼、2 条跑道同时运行的新格局，飞行区 4E 等级，停机坪约 48.6 万平方米，共有 89 个机位。上海虹桥国际机场是中国东方航空公司、上海航空公司、春秋航空公司、中国货运航空公司、上海吉祥航空公司的基地机场，通达 91 个国内国际城市，2017 年年运送旅客量达到 4188 万人次，货邮运量 41 万吨，26 万起降架次，分别位居中国第 7 位、第 9 位和第 10 位。

南京禄口国际机场（NKG）：南京禄口国际机场于 1997 年 7 月 1 日香港回归日这一历史时刻通航，目前是国家主要干线机场、一类航空口岸、国家区域枢纽机场、华东地区的主要货运机场、中国航空货物中心和快件集散中心。它与上海浦东国际机场、上海虹桥国际机场互为备降机场。该机场现拥有 2 座航站楼（候机楼建筑面积 42.5 万平方米）、2 条跑道、53 个停机位（机坪面积近 110 万平方米），飞行区标准为 4F。目前南京禄口机场通达国内外 115 个航点，初步建成辐射亚洲、连接欧美、通达澳大利亚的航线网络。2017 年，机场实现旅客吞吐量 2582.3 万人次，货邮吞吐量 37.4 万吨，起降架次 20.9 万架次，分别位居全国排名第 11 位、第 10 位和第 11 位。

杭州萧山国际机场（HGH）：杭州萧山国际机场于 2000 年建成运营，是大型现代化国际机场和国内重要干线、口岸机场，主要旅游城市与国际定期航班机场，国家区域航空枢纽机场。该机场占地面积超过 10 平方公里，拥有 3 座航站楼、2 条跑道，可起降世界最大的民航客机 A380，是国内为数不多的双跑道 4F 级机场，能满足年旅客吞吐量 3300 万人次、货邮吞吐量 80.5 万吨、航班起降量 26 万架次的保障需求。杭州萧山国际机场以航空口岸扩大对外籍飞机开放为契机，坚持客货并举、内外并重，不断延伸航线和加密航班，现已开辟国内外航线 235 条，与荷兰皇家航空、韩亚航空、亚洲航空、全日空、港龙航空等 36 家国内外航空公司建立了业务往来，今后还将开辟杭州至欧洲、美国、中东、澳大利亚等国家的航线，成为辐射全国、连接东亚、东南亚、澳大利亚和欧美的我国区域性航空枢纽中心。2017 年，机场实现旅客吞吐量 3557 万人次，货邮吞吐量 58.9 万吨，起降架次 27.1 万架次，分别位于全国第 10 位、第 6 位和第 9 位。

苏南硕放国际机场（WUX）：苏南硕放国际机场始建于 1955 年，是一座军民合用机场。20 世纪 80 年代，无锡市和空军联手在该机场开辟了全国第一条联航航线——无锡至北京的包机航班。由于各方面原因 2002 年曾停飞地方航线，后又于 2004 年恢复民用通航。机场目前拥有 1 座航站楼、11 万平方米候机区和 16 座登机桥；一条长 3200 米、宽 50 米的跑道，飞行区等级为 4E；可满足旅客年吞吐量 1000 万人次、货邮吞吐量 30 万吨、飞机起降量 10 万架次的保障需求。苏南硕放国际机场是中国东方航空公司和深圳航空公司的基地机场，有南方航空、中国国航、四川航空、天津航空等航空公司与其通航，覆盖 56 个通航城市，初步构成覆盖国内、辐射东北亚、东南亚的客运航线网络。货运航线连接北京、香港、深圳、广州、天津、郑州等城市，先后引进顺丰、龙浩、圆通等"四通一达"国内大型速递公司，建设并运营国际快运中心，成为国家进口冰鲜水产品指定航空口岸。2017 年完成旅客吞吐量 668.3 万人次，货邮吞吐量 10.7 万吨，起降架次 5.2 万架次，始终围绕以建设区域性枢纽机场为目标。

宁波栎社国际机场（NGB）：宁波栎社机场于 1984 年 11 月 16 日建成，1990 年 6 月 30 日正式建成通航。机场占地面积近 250 万平方米，候机楼 4.35 万平方米，机坪 14.2 万平方米，停机位 20 个，航空货站 7881 平方米，现有跑道长 3200 米、宽 60 米，飞行区等级达到 4E 级标准，可满足年旅客吞吐量 380 万人次、高峰小时 1700 人次的保障需求。目前该机场开通了 95 条国内、地区和国际航线，通航城市 78 个，引进低成本航空公司 16 家，2017 年完成旅客吞吐量 939 万人次，货邮吞吐量 12 万吨，起降架次 7.3 万架次。2015 年 12 月机场三期扩建工程拉开帷幕，新建 10.4 万平方米航站楼、3000 平方米公务机候机楼、5 万平方米货运站、1.4 万平方米快件中心以及 41.2 万平方米停机坪，设计能力为年旅客吞吐量 1200 万人次，货邮吞吐量 50 万吨。

常州奔牛国际机场（CZX）：常州奔牛国际机场自 1985 年军民合用以来，按照"一次规划、分期实施、成龙配套、留有余地"及"水乡风格、方便舒适、流程合理、相对集中"的建设原则，本着"国内重要机场、区域枢纽机场"的发展目标，先后于 1985 年、1995 年、2009 年进行改扩建，现拥有航站楼 5 万平方米、停机坪 16 万平方米、停机位 20 个、飞行区等级达到 4F 级标准，满足年旅客吞吐量 490 万人次、货邮吞吐量 20 万吨、高峰小时起降飞机可达 19 架次的保障需求。该机场与国航、南方航空、东方航空、深圳航空、海南航空、四川航空、中联航空、天津航空、昆明航空等多家航空公司建立合作关系，先后开通近 20 余个城市的客货运航线，2017 年机场旅客吞吐量达到 251.05 万人次，货邮吞吐量达 1.88 万吨，起降架次达 2.08 万架次。

南通兴东国际机场（NTG）：南通兴东国际机场 1990 年 10 月扩建后，于 1993 年正式通航，是江苏省最早投入使用的民用机场。2009 年，民航局将南通兴东机场总体定位为上海机场的辅助机场，协调区域航空流量的优化，满足区域不同层次的航空运输需求。因此，机场具体定位和发展目标是承担上海机场部分货物的运输以及飞行训练基地；除此之外，在满足区域航空体系构建的基础上，更好地与上海航空机场之间形成资源互补以及客流分流，避免航空运输资源之间的冲突性。2015 年 8 月，该机场成为我国一类航空开放口岸。目前机场航站楼面积 1.5 万平方米，一条 3400 米跑道，飞行区等级指标为 4D，兼顾 E 类飞机的起降要求，可满足客运、货运、通用航空、航空会展等各类保障需求。2017 年完成旅客吞吐量 201 万人次，货邮吞吐量 3.9 万吨，起降架次 2.9 万架次，为地方经济发展做出了重大贡献。

从图 1-1 可以看出长三角地区各机场的布局位置：上海浦东机场位于上海浦东长江入海口南岸的滨海地带，距上海市中心约 30 公里，距虹桥机场约 52 公里。上海虹桥机场位于上海市西郊，距市中心仅 13 公里。南京禄口国际机场位于江苏省南京市东南部，距南京市中心直线距离 35.8 公里。杭州萧山国际机场位于浙江省杭州市东部，距市中心 27 公里，机场直接与沪杭甬、杭金衢高速公路相连，与乍嘉苏、苏嘉杭高速公路相通，至绍兴 40 分钟、苏州 1.5 小时、无锡 2 小时、上海 2.5 小时、温州 3.5 小时，地面交通四通八达，交通条件便捷、顺畅。苏南硕放国际机场位于江苏省无锡市，距离无锡市区 16 公里、无锡新区 2 公里，距苏州市区 20 公里、苏州新区 5 公里，距离飞行区跑道西南端 1500 米处有沪宁铁路通过，距离沪宁城际高铁无锡新区站 2700 米，在跑道东北端 1.65 公里处连接沪宁高速公路。宁波栎社国际机场位于宁波市西南，距市区约 12 公里，从机场至主要铁路、高速公路入口处、市区仅需 10~30 分钟车程。常州奔牛国际机场位于常州市新北区、长三角苏南地区中部，机场本身的地理位置极为优越，东距上海虹桥机场 170 公里，西距南京禄口机场 110 公里；与此同时，其陆路交通也四通八达，东有常州西绕城高速，连接泰州大桥，南有常宁高速、宁杭高速和312国道，西有扬溧高速，北有沪宁高速；铁路有京沪高铁、沪宁城际铁路分列南北两侧；水运有京杭大运河和国家一类开放口岸常州港，显示出常州奔牛国际机场便捷的交通及突出的区位优势。南通兴东机场位于南通市区东北部，距市中心直线距离约18公里，与宁通、盐通等高速公路连接，其中距上海、苏州、无锡仅需一小时左右的车程。

从整个长三角地区来看，八个主要机场之间的直线距离不超过300公里，各机场服务市场交错重叠，各机场面对基本相同的市场和空域资源，为此依托长三角地区各机场区位优势、周边发达的地面综合交通、快速的经济发展，八个机场协同构筑结构合理、布局均衡、重点突出、错位发展、合作共赢的以整个长三角区域社会经济发展为目标，以上海浦东国际机场为枢纽中心、以上海虹桥国际机场为辅，杭州萧山国际机场、南京禄口国际机场为南北翼，其他周边机场为补给的区域机场群系统，共同应对来自区域外周边地区各机场的挑战。

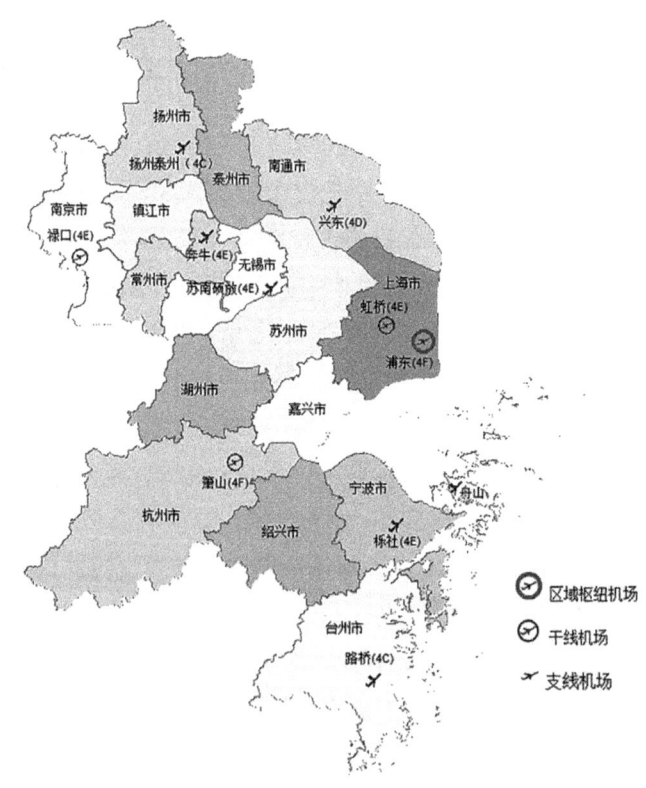

图1-1 长三角地区机场分布图（作者自绘）

2. 长三角区域航空运输业面临的问题与挑战

长三角区域机场建设与发展仍然存在很多不容乐观、需要解决的问题。

（1）长三角机场各自为政，缺乏整体规划。

首先，受机场属地化改革的影响，长三角各机场的行政关系互不隶属，层级之间的多层隔离，造成协调工作滞后，效率低下。其次，在市场经济条件下，各机场均制定了自己的发展战略，功能定位趋同，一定程度上影响了区域内各机场统筹协调和长远规划。最后，属地化改革使机场与地方政府的联系越来越紧密，而地方政府主管部门出于本地区经济发展，特别是自身利益的考量，不可避免地要对机场运营进行必要的行政干预。有的干预在小范围内看可能是件大好事，但如果放大范围，极有可能成为统一区域航空运输市场和谐发展的障碍。从图1-1机场地理分布位置上看，以上海浦东机场为中心，以300公里为半径画圆，有半个圆落在海上，这使得浦东机场在长三角的航空枢纽地位先天不足，长三角区域航空业缺乏整体规划，抑制了各机场相互间的合作与共赢。

（2）长三角地区主要机场间的竞争性远大于合作性。

长三角区域机场分布密度为0.87个/平方公里，占其他经济圈之首，远高于全国0.17的水平，超过了美国0.6的水平，是世界上机场密集度最高的区域之一。赫尔芬达尔—赫希曼指数（Herfindahl-Hirschman Index，HHI）和行业集中率（Concentration Ratio，CRn，n=4或8）以及相对指标CIn都是市场势力的重要量化指标，这些指标的变化趋势反映了绝对及相对集中度程度，不但体现了企业数量对行业集中度的影响，同时反映了行业中不同企业之间的规模差别，集中体现了市场的竞争和垄断程度。HHI由同一行业中各企业市场份额的平方相加而得到，CRn由同一行业中前n位企业市场份额相加得到，$CI_n=CR_n/[(100/行业企业数目)/*n]$。表1-4列出了2008~2017年以上海浦东机场为枢纽中心的长三角区域机场群航空运输市场集中度绝对指标，所得数据呈现逐年降低的趋势。其中，2010年受世博会的影响，运量又集中于上海机场，各指数呈现小幅上涨；2011~2017年各指数则呈现逐年降低的趋势。这说明尽管上海两机场在区域航空运输业中处于垄断地位，但是随着江苏省、浙江省机场的不断发展，如开辟新航线、引进新的航空公司、完善基础设施，两省的机场开始逐渐承担更多长三角地区客货市场，与上海机场争夺市场，市场竞争程度逐渐加强。

表 1-4 2008~2017 年以上海浦东机场为枢纽中心的长三角区域机场群航空运输业 HHI 指数

	2008 年	2009 年	2010 年	2011 年	2012 年	2013 年	2014 年	2015 年	2016 年	2017 年
HHI-旅客	0.2551	0.2494	0.2589	0.2547	0.2534	0.2473	0.2429	0.2458	0.2415	0.2323
HHI-货邮	0.5726	0.5483	0.5705	0.5521	0.5299	0.5128	0.5157	0.5133	0.5054	0.5094
CR4-旅客	0.925	0.922	0.924	0.92	0.918	0.9142	0.908	0.9104	0.9050	0.8938
CR4-货邮	0.975	0.97	0.971	0.97	0.959	0.9529	0.9532	0.9540	0.9487	0.9478
CI4-旅客	0.0185	0.0184	0.0185	0.0184	0.0184	0.0183	0.0181	0.0182	0.0181	0.0179
CI4-货邮	0.0195	0.0194	0.0194	0.0193	0.0192	0.0191	0.0190	0.0191	0.0190	0.0189

（3）长三角区域内机场趋于同质化经营，机场体系功能缺失。

从对机场定位、发展战略目标、实施方案、业务开展和服务市场选择等方面来看，长三角地区各机场间经营同质化倾向比较严重。上海虹桥国际机场提出构建"点对点营运的国内枢纽机场"发展目标，同时承担城市和地区通用航空运营机场的功能。南京禄口国际机场的发展战略定位是中国大型枢纽机场、中国航空货物中心和快件集散中心；主要是立足苏皖，辐射华东，成为长三角地区连接中西部地区的桥梁；同时扩大国际航线覆盖率，成为通往东亚地区的门户机场。杭州萧山国际机场提出打造"长三角南翼区域性枢纽机场、国际化航空货运和快件集散中心"的机场战略定位。在距离如此近的地区范围内，地面交通又如此发达，同时存在几个功能相似的航空枢纽，即使有充足的市场需求，如果协调不力，也将不可避免地造成竞争。

（4）主要机场与周边中小机场客货吞吐量两极分化，与社会经济发展不协调。

由于各机场各自为政，服务范围相互重叠，彼此之间经常成为竞争对手，对该区域航空业的发展产生了较大影响。表 1-5 列出了 2017 年以上海浦东机场为枢纽中心的机场群航空运输市场占有情况，可以看出各机场业务量之间差距较大，航空业务量主要聚集在以上海机场为龙头的区域四大机场。其中，上海的航空运输业务量在长三角区域内占据绝对优势地位，航空客运量占区域总量的 57.6%，货运量更是占到 77.2%。受航班东移战略的实施、国际货运航线网络的不断完善以及大型物流企业的进驻等一系列发展战略的影响，浦东机场比虹桥机场又略胜一筹。2016 年起，四大机场中，虹桥机场的货运业务开始逐步下滑，杭州萧山机场的货运业务有强劲的赶超趋势；除四大机场外的其他周边中小机场的客货业务量仅占区域总量的 10.6% 和 5.2%，两极分化局势非常严重。

表 1-5　2017 年以上海浦东机场为枢纽中心的长三角区域机场群航空运输市场结构表

	旅客吞吐量（万人次）	占区域比（%）	货邮吞吐量（万吨）	占区域比（%）	飞机起降架次（万架次）	占区域比（%）
上海浦东	7000	36	382	69.8	47	35.7
上海虹桥	4188	21.6	40.7	7.4	26	19.7
杭州萧山	3557	18.3	58.9	10.8	25	19
南京禄口	2582	13.3	37.4	6.8	18	13.7
苏南硕放	668	10.6	10.8	5.2	4.5	11.8
常州奔牛	251		1.9		2.6	
南通兴东	201		3.9		2.1	
宁波栎社	939		12		6.3	

注："占区域比"指机场的运输指标占长三角区域指标总量的比重。

（5）主要机场因运量饱和而不断改扩建与周边中小机场因运量不足而设施闲置、靠政府扶持的矛盾局面。

上海机场的业务量增长非常迅速，2008~2017 年，浦东机场旅客、货邮吞吐量年均增长分别达到 8.5% 和 8.3%，飞机起降架次年均增幅 6.2%，面对强劲的航空运输需求，浦东机场 2015 年 3 月第四跑道正式启用，同年 12 月，机场三期扩建工程开始建设，总投资 11.3 亿元；禄口机场 2009 年旅客吞吐量突破千万人次，航班和客流量趋于饱和，一条跑道和一座航站楼不能满足发展和交通需求，禄口机场扩建迫在眉睫，2011 年拉开扩建帷幕，总投资逾 3.77 亿元。机场的建设与发展不仅仅是大量资金的投入，同时土地、空域、环境等都会受到严峻的考验。18 亿亩耕地是未来具有法律效力的约束性指标，是一道不可逾越的"红线"。

从国外成熟发达国家的机场建设经验表明，机场建设规模必须要符合区域经济发展要求，其客容量以及承载量并非越多越好，若机场规模无限制扩大，较低的机场吞吐量使得航空业务收入很难弥补机场运营成本，机场运营将变得不经济。相反中小机场设施闲置，生存举步维艰，为维持发展现状，每年需从中央到地方各级政府吸纳大量资金给予补贴。民航局发布的《关于对2016年民航小机场补贴预算方案的公示》显示，2016年有152个民用小机场补贴总额131 433万元。可以看出政府不仅要对大型机场的扩建投入财力，对中小机场的扶持力度同样很大。这无疑是对政府、国家资源的一种浪费。

（6）航线结构不合理。

表1-6显示，在长三角地区核心机场中，上海两机场国内航线占有一半份额，国际航线几乎占有67%；同时国内800公里以内短程航线虹桥机场占19.5%，在区域内各机场中排名第一。如此高份额的占有导致上海两机场处于强势、主动地位，而其他周边机场则处于被动适应地位；浦东机场国内航线数量份额略高于国际航线数量，同时有大量国内航线与周边机场重叠，这与其定位严重不符。

表1-6 2017年长三角区域核心机场航线结构表

航线分类 机场	国内航线（条）	国际航线（条）	（0，800］（km）航线（条）	占自身比（%）	（800，1500］（km）航线（条）	占自身比（%）	>1500km航线（条）	占自身比（%）
上海浦东	138	123	25	9.6	80	30.7	156	59.8
上海虹桥	110	8	23	19.5	44	37.3	51	43.2
杭州萧山	109	37	25	17.1	60	41.1	61	41.8
南京禄口	82	27	17	15.6	38	34.9	54	49.5

注："占自身比"指机场的各类航线数占该机场总航线数的比重。

（7）主要机场因客货吞吐量过分集中饱和，从而导致空域之间航班冲突、航班不正常以及机场服务质量下降的现象。

表1-7统计了2013年至2017年全国执飞航班不正常率和旅客投诉件数，可以看出2013年至2015年航班不正常率逐年升高，尽管2016年航班不正常率有小幅下降，但2017年航班不正常率又略微提高，而且旅客投诉件数2016

年猛增至 19 952 件。这些数据充分凸显了不正常航班在目前我国机场运营过程中不容忽视的现状。航班不正常率的逐年升高不仅会对机场、航空公司形象和声誉造成损害，导致高价值商务旅客流失，而且会造成间接的经济损失，比如某些商务谈判或交易不得不因为航班延误而延期或取消。

表 1-7 2013~2017 年航班不正常率及旅客投诉件

	2013 年	2014 年	2015 年	2016 年	2017 年
航班不正常率（%）	27.66	31.63	31.67	23.46	28.33
旅客投诉件数（件）	2047	1920	3418	19 952	24 781

上述不容乐观的现状极大地影响了我国长三角地区机场的健康发展，制约着长三角地区航空运输业务量、运营效率及机场总体竞争力水平的进一步提高，影响了区域经济和城市发展。因而，高效的机场管理是一个十分有效的手段，在这个新生自由市场下对区域内的机场采取阵线同盟、资源整合，避免彼此之间因过度竞争出现不利后果，实现区域多机场系统的协调运营，提高整个区域机场资源的利用率水平和机场的可持续发展能力，满足社会不断增长的航空运输要求，将是该区域所面临的重要协调目标和我国机场业的重要发展趋势。

第三节 研究目的与意义

所有挑战和影响，对机场的市场运营发展进程带来了新的课题。新的市场环境要求机场管理者、经营者更新运营理念，在激烈的市场竞争下，建立与市场互动的新型运营模式，整合区域内机场资源，协调运营区域内的多个机场，对机场群内的各个机场进行功能差异性定位，以避免恶性竞争，从而有效提高资源利用率及机场之间的运营效率，实现航空运输的可持续发展以及区域社会经济可持续发展的总体战略目标。

本书研究目的在于确立区域机场群的科学内涵，在此基础上以长三角机场群系统为案例，研究我国机场分布密集区域的经济、产业结构分布与航空运输市场相互间的关联性；研究以枢纽机场为核心的机场群内航空客流分布特征；并基于非期望产出的机场运营效率评价，根据区域经济发展进程和民航发展规律，构建基于枢纽机场的机场群协调运行机制的理论框架，寻求区域机场群形成的内在机理、演化发展模型及结构模式、协调运行机制、管理与运行模式，力求探索出一条新的发展之路——避免机场资源浪费，充分发挥枢纽机场的核心作用，以此为轴带动周边中小机场的发展，以提高机场资源利用率，提高我国民用机场的整体运行和发展水平，促进区域机场的协调发展、枢纽航线网络体系的构建和我国民用机场科学健康地均衡发展。

本书研究所总结的一些结论性意见可以向国内其他机场群系统推荐，为这些地区的政府部门、民航业提供机场合作模式、政策措施等方面的理论依据和政策建议；也希望能为推进《全国民用机场布局规划》和《中国民用航空发展第十二个五年规划》"机场群"战略的科学实施、提高我国机场整体实力和竞争力提供一定的理论依据。

第四节 研究内容、研究方法及技术路线

一、研究内容

纵观国内外区域机场协调发展研究内容，较多的是对经济区域多机场在发展过程中出现的表象问题进行了阐述，并主要从宏观层次提出了解决方案，其研究方法以定性、对比分析为主，因此缺乏理论方面体系的支撑，缺乏对现象产生以及解决方案的机理分析，从而降低了研究成果的说服力与学术价值。欧美对这方面的研究虽说要深入和广泛得多，但研究背景基于特定的发展政策环境——航空运输放松管制、航空公司可以自主确定进出航线和服务价格、机场具有一定的服务价格决定权等，与我国民航运输业发展大环境有所不同。欧美所研究的重点是围绕区域多机场系统的规划建设前期展开的，基本没有涉及实际存在区域范围内多个机场的协调运营问题，也就是说，对在一定区域范围内已经存在多个机场，并且在实际运营过程中存在各机场资源利用率水平参差不齐（主要是一些二线机场在建设初期建设规模和投资过大，而业务量达不到当初规划预期目标，造成机场设施大量闲置，设施利用率水平较低，机场运营的经济效益比较差）、整个区域的机场系统不满足可持续发展要求的情况下，如

何对这些机场的发展运营进行协调的问题尚未涉及，但对我国区域机场的建设规划与发展仍具有一定的借鉴意义。

基于以上研究现状，本书围绕区域机场群协调运行问题展开研究，各章内容概述如下：

"第一章　绪论"：本章介绍全书的研究背景，对机场规模等级、多机场系统、机场群概念以及机场群的空间层次做出简要界定，采用文献资料分析法创新性提出与国内外研究现状不同的区域机场群的全新概念和应该具有的基本特征，通过对比分析拟以长三角区域机场群系统为研究对象，阐述了长三角区域内航空运输市场现状，随后明确研究目的和意义、研究内容、研究方法和技术路线。

"第二章　相关研究综述"：本章从机场群协调运行管理模式、民航运输与区域经济的互动影响、机场群航空客流分布、机场运行效率评价方法以及机场协同决策模型等方面，对国内外已有研究进行了评述，为开展本书研究奠定理论基础。

"第三章　长三角区域机场群客运市场特征分析"：本章是本书的核心部分之一，以长三角机场群系统作为研究对象，研究该区域的经济、产业结构与民航发展的关联性、区域机场群客货市场分布特征以及区域航空客运量影响因素分析。本章首先采用文献收集和实地调研相结合的方法，综合分析我国机场分布密集区域的经济、产业结构分布特征，结合长三角地区机场与经济发展现状，构建出民航发展与区域经济发展关联模型，应用单位根检验、协整关系理论、格兰杰因果检验模型分析了区域经济与航空运输市场相互间的关联性；其次，深入研究我国长三角地区以枢纽机场为核心的机场群内航空客流分布特征，突破传统研究的局限性，引入了旅客心理因素，运用连续函数的处理方法和经济学供需平衡理论，建立了基于最小出行代价的航空旅客空间连续平衡选择模型，并运用有限元算法对模型求解。预测结果显示，客流集中分布在枢纽机场周围，使得各机场呈现出"马太效应"。科学预测长三角地区航空客运量将成为促进区域民航协调发展的基础，可以此为切入点研究区域航空客运量影响因素：首先，从区域经济、居民生活水平、旅游业、其他交通运输发展水平四方面初选区域航空旅客运量的影响因素；其次，运用逐步线性回归从初选影响因素中剔除无效因素；最后，采用格兰杰因果检验法分析影响因素与航空客运量之间的因果关系。

"**第四章 长三角区域机场运营效率的评价**":本章是本书的核心部分之二,主要研究分析基于非期望产出的机场运营效率评价。传统的机场运营效率评价模型忽视了机场运营过程中航班延误、噪声及有害排放物等非期望产出带来的负面效应。本章以长三角地区十个主要机场为例,采用非参数方向距离函数法,构建基于非期望产出的机场运营效率评价模型,对引入非期望产出前后运营效率进行对比分析,验证基于非期望产出的机场运营效率评价模型的有效性。结果显示,非期望产出是评价机场运营效率不可缺少的关键因素之一,这一因素对机场运营效率会产生非常显著的影响;引入非期望产出后,发现我国机场运营效率和运营规模之间并不存在正相关性。本章为机场及航空公司管理者在权衡机场吞吐量和服务质量方面提供了理论依据,为后文对区域机场群协调运行的相关研究理论分析作铺垫。

"**第五章 基于枢纽机场的机场群构建框架与协调运行**":本章提出适合我国国情的、以区域枢纽机场为中心的机场群协作运行理论框架、行业政策。本章是本书的核心部分之三,其中第三、第四章研究内容为第五章理论分析作铺垫,其采用各种图示模型和理论分析相结合的方法构建出我国机场群演化发展模型,全面探讨经济区域机场群系统形成的内在机理,总结出几种常见的结构模式,对构建区域机场群系统产生的成本与效益进行了定性分析,提出了区域机场群协调运行机制,从理论上揭示了区域机场群系统协调运行管理的普遍形式和实施模式,给出区域机场群系统协调发展的政策建议,使其具有一定的理论指导意义和较强的现实操作性。

"**第六章 总结与展望**":本章总结了本书论题的主要研究工作,归纳了研究的主要创新点,指出了后续研究方向。

二、研究方法

本书的研究内容广泛,涉及民航、航空运输经济以及机场规划等多门学科,研究领域具有交叉学科、边缘学科和新兴学科的特征。为此,本书借用各类学科的研究方法,加强研究的综合性,以运输经济学、现代运筹学等基本理论为基础,结合定量与定性分析,采用文献资料分析法、实地调研、对比分析、数学建模、理论与实证分析相结合,深入研究区域机场群系统协调运行问题。

1. 文献资料分析法

通过对国内外相关文献和资料的搜集以及整理，从而进一步了解目前国内外相关领域的研究成果和不足，由此为本书的研究奠定理论基础。与此同时，对民航运输与区域经济关联性、机场运行效率分析评价、机场协同决定模型等相关文献进行整理分析，为本书论题提供理论研究背景。

2. 理论分析法

本书运用多学科的理论，采用各种图示模型和理论分析相结合的方法构建出我国机场群演化发展模型，系统分析总结出区域机场群系统形成的内在机理、结构形态特征，理论分析重点放在区域机场群系统协调运行成本效益分析以及协调机制方面，为政策建议提供理论指导。

3. 实证研究法

在民航运输与区域经济关联性、机场群系统内客货分布特征和机场运行效率分析评价研究中，为了深入探讨与剖析的需要，以长三角地区为案例，全面分析我国机场分布密集区域的经济、产业结构与机场客货市场关联性，预测分析机场群区域内航空客流分布特征，科学分析区域内机场运行效率，为区域机场群系统协调运行领域的一系列理论和实践问题作理论铺垫。本书第三、第四章将理论分析和实证研究有机结合、相互渗透、彼此映衬、相得益彰，改变了传统的理论分析和案例研究相互分离，逻辑联系松散的研究模式。

4. 定性与定量相结合的方法

一方面本书遵循定性研究"提出问题、分析问题、解决问题、评价解决方案"的逻辑顺序，使问题的提出与分析更为全面；另一方面对区域经济与民航发展关联性、机场分布密集区航空客流分布特征以及机场运行效率评价的分析研究采用了定量的评价方法，做到了定性与定量相结合，使得对问题的分析更具有客观性的说服力。

三、技术路线

区域机场群系统协调运行是一个内涵非常丰富、范围极为宽广的论题。本书遵循"提出问题、分析问题、解决问题、评价解决方案"的逻辑顺序，主要从以下三个方面贯穿全书：①什么是区域机场群系统？②为什么要构建区域机场群系统这一发展模式？③如何构建区域机场群系统协调发展模式？如图 1-2 所示。

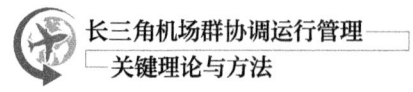

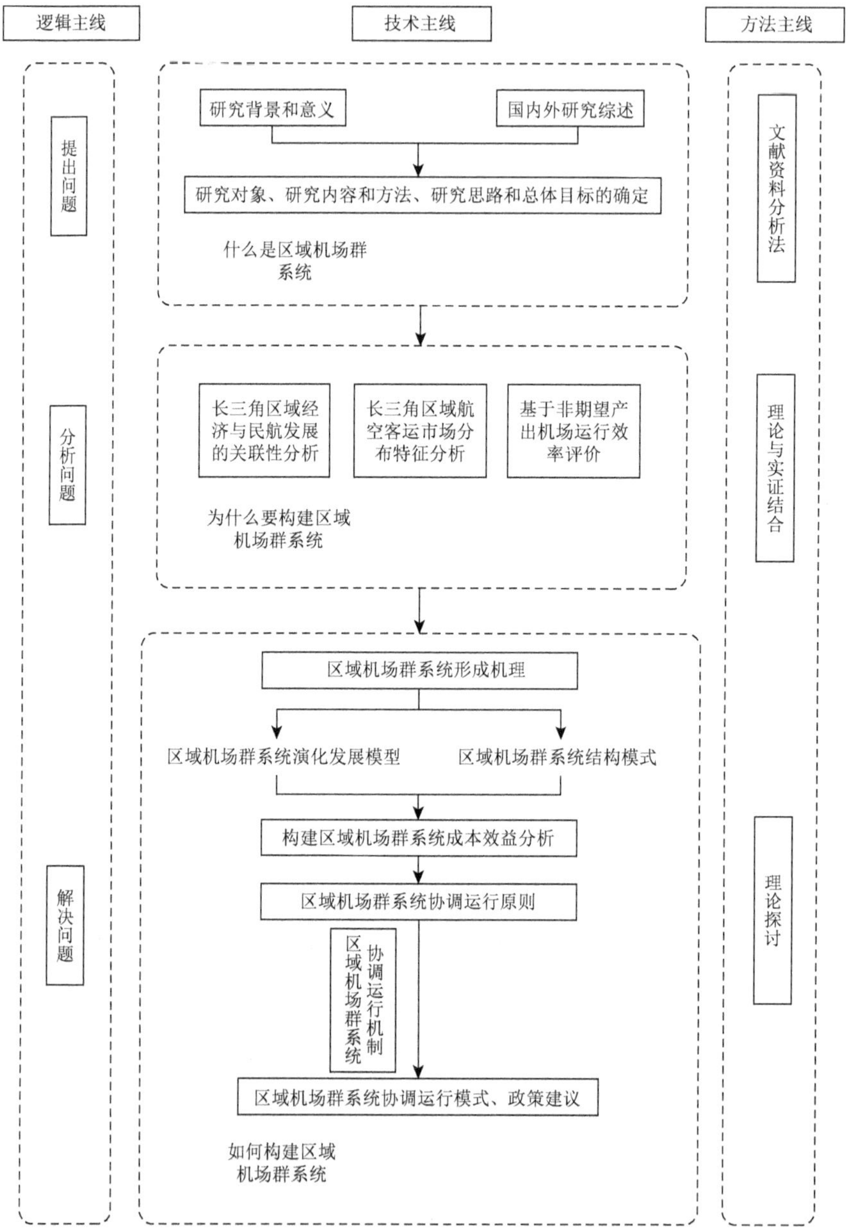

图 1-2　本书的研究技术路线图

第二章

相关研究综述

形成"多机场系统"的首要目标是实现区域内各机场的协调运行,因而机场群协调运行管理模式尤为重要。科学分析我国机场分布密集区域的经济、产业结构与机场客货市场关联性,预测分析机场群区域内航空客流分布特征,科学分析区域内机场的运行效率,有助于深刻认识构建机场群系统的必要性。在此基础上,合理规划机场建设规模,探求合作方式,规划运力和航线,科学制订航班计划,对促进多机场协调发展,提升区域多机场环境中机场效益、增强综合竞争力、促进航空运输业可持续发展具有重要意义。结合本书研究内容,本章分别对前述各问题进行论述,展示相关研究领域的现有研究成果,以便了解其发展历程、研究现状和前沿动态,为开展本书研究奠定理论基础。

第一节 机场群协调运行管理模式

一、国外研究现状

早期的多机场系统主要指在一个大城市由一个枢纽机场和周边几个中小机场构成的系统,全世界这类多机场系统有很多,表2-1列出了世界上主要的区域多机场系统。

表 2-1 世界主要多机场系统

都市圈核心城市	机场			机场等级	各机场到枢纽机场的距离（km）
	中文	英文	代码		
伦敦	希思罗	Heathrow	LHR	枢纽机场	—
	盖特威克	Gatwick	LGW	二级机场	41
	斯坦斯特德	Stansted	STN	二级机场	66
	卢顿	Luton	LTN	二级机场	45
	伦敦城市	London City	LCY	二级机场	36
曼彻斯特	曼彻斯特国际	Manchester International	MAN	枢纽机场	—
	利物浦雷侬	Liverpool John Lennon	LPL	二级机场	38
	利兹布拉德福	Leeds Bradford	LBA	二级机场	70
巴黎	戴高乐	Roissy-Charles-de Gaulle	CDG	枢纽机场	—
	奥利	Orly	ORY	二级机场	34
罗马	菲乌米奇诺	Leonardo Da Vinci International	FCO	枢纽机场	—
	钱皮诺	Ciampino	CIA	二级机场	29
米兰	摩尔彭萨	Malpensa	MXP	枢纽机场	—
	李罗德	Linate	LIN	二级机场	48
	贝加莫（又名"阿尔塞廖"）	Orio al Serio	BGY	二级机场	76
柏林	泰格尔	Tegel	TXL	枢纽机场	—
	舍讷费尔德	Schonefeld	SXF	二级机场	26
	坦贝尔霍夫	Tempethof	THF	二级机场	12
杜塞尔多夫	杜塞尔多夫	Dusseldorf International	DUS	枢纽机场	—
	科隆波恩	Koln Bonn Cologne	CGN	二级机场	54
芝加哥	奥黑尔	O'Hare International	ORD	枢纽机场	—
	米德韦	Midway	MDW	二级机场	25
斯德哥尔摩	阿兰达	Arlanda	ARN	枢纽机场	—
	布罗马	Bromma	BMA	二级机场	33

续表

都市圈核心城市	机场			机场等级	各机场到枢纽机场的距离（km）
	中文	英文	代码		
纽约	纽瓦克	Newark	EWR	枢纽机场	—
	肯尼迪	J.F.Kennedy	JFK	二级机场	33
	拉瓜迪亚	LaGuardia	LGA	二级机场	27
华盛顿	巴尔的摩	Baltimore	BWI	枢纽机场	
	杜勒斯	Dulles International	IAD	二级机场	73
	华盛顿国立	Washington National	DCA	二级机场	48
洛杉矶	洛杉矶国际	Los Angeles International	LAX	枢纽机场	—
	橙县	Orange County	SNA	二级机场	58
	安大略	Ontarlo	ONT	二级机场	76
	伯班克	Burbank	BUR	二级机场	29
	长滩	Long Beach	LGB	二级机场	27
旧金山	旧金山国际	San Francisco International	SFO	枢纽机场	—
	圣何塞	San Jose	SJC	二级机场	49
	奥克兰	Oakland	OAK	二级机场	18
达拉斯	达拉斯沃思堡	Dallas Fort Worth	DFW	枢纽机场	—
	拉夫菲尔德	Dallas Love Field	DAL	二级机场	18

各地区根据机场的动态演进、发展规律及当地自身的航空运输实际，规划多机场体系的协调发展。主要模式如下：

1. 美国模式——纽约机场群

以纽约机场群为代表的美国模式，如图2-1所示纽约机场群各机场的分布情况。其特征如下：①机场群的演化发展历程是连续的，经历规划、建设、组织、运行、管理阶段。②采用动态、弹性、战略性规划方法制定区域机场系统发展，满足未来机场群发展过程中各种可能发生的不确定事件。③规划建设遵循国家、州等层面制定发布的各类详细完善的机场群规划咨询公告，包括FAA制定的AC150/5050-3B（州航空系统规划）、AC150/5070-5（大都市机场系统规划)、AC150/5070-7（机场系统规划办法）；各州民航运输管理机构制定的各自区域甚至是跨区域的机场系统规划，例如：新英格兰区域航空系统规划（New England Regional Aviation System Plan），威斯康星州机场系统规划2020（Wisconsin State Airport System Plan 2020），皮吉特湾区域委员会2001年区域机场系统规划（Puget Sound Regional Council 2001 Regional Airport System Planning）。④机构统一管理，政府政策引导协调。纽约新泽西港区管委会（The Port Authority of New York and New Jersey）成立于1921年，并被赋予了广泛的综合规划职能、相当规模的基础设施资源控制能力和跨区域协调能力。成立之初是纽约和新泽西两个州为了改善纽约港区交通状况，在不增加联邦政府权力前提下，共同探索的一种基于自主合作方式的州与州之间的联合管理机构。它负责对整个纽约港区的交通状况进行全面研究，并向两个州政府提出改进计划和发展规划，对区域内基础设施规划进行统一协调和运行管理。从1943年开始，港区管委会对这两个州在该地区的机场、汽车站和海港实行统一规划和统一管理，对纽约地区的综合交通协调发展发挥了重要作用。

另外，美国政府也通过相关政策，对繁忙机场业务进行调节。20世纪60年代，随着全球民航运输业的发展，美国航空面临的航班时刻需求与机场容量的矛盾日益突出，特别是纽约地区的肯尼迪机场、拉瓜地亚机场、纽瓦克机场，以及华盛顿里根机场与芝加哥奥黑尔等几个大型国际枢纽机场，高峰时段的航班延误现象和因延误带来的损失日益剧增，引起旅客和航空公司本身的强烈不满。为了缓解纽约地区机场繁忙和大量延误现象，1968年FAA针对三大交通拥挤机场肯尼迪机场（JFK）、拉瓜迪亚机场（LGA）、纽瓦克机场（EWR），制定了《高密度机场航班时刻暂行管理条例》（High Density Rule）。条例规定，1969~2006年间，政府将保持对这些机场在东部时间下午03:00~07:59高峰小时期间的跨大西洋地区航班需求进行数量限制，并提高高峰小时期间的机场起降费用，以限制这些机场的小型飞机或短程航班，缓解航班拥塞。这一政策的实施，客观上也促进了纽约地区机场群成员机场的市场定位优化和专业化经营。在航线布局市场分工方面，纽约肯尼迪国际机场主要是欧美国际航线，新泽西纽瓦克国际机场主要是东亚、南美航线，纽约拉瓜地亚机场主要是国内航线。纽约新泽西空港事务管理局还兼有这三个机场之间的地面交通发展规划的管理职能。

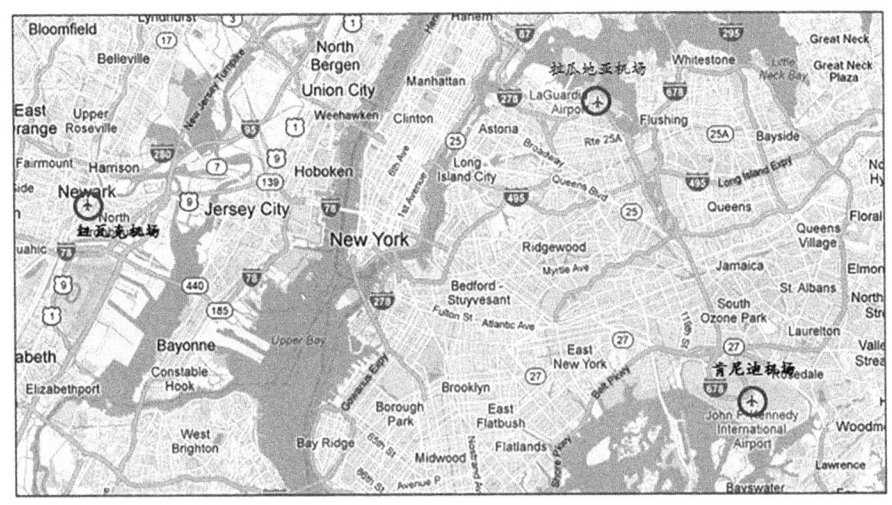

图 2-1 纽约机场群的机场分布

2. 英国模式——伦敦机场群

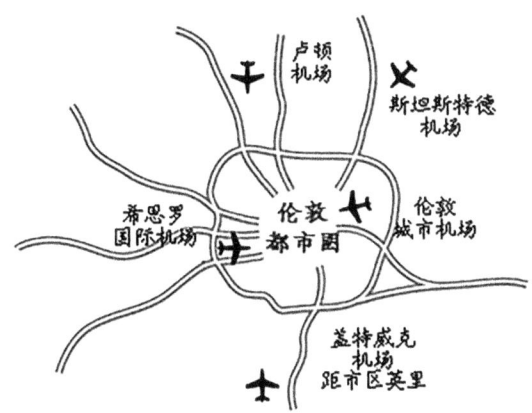

图 2-2 伦敦机场群的机场分布

以伦敦机场群为代表的英国模式，如图 2-2 所示伦敦机场群内各机场的分布情况。1966 年英国政府成立了英国机场管理局（British Airport Authority，BAA），代表政府专门从事机场管理。随着航空公司放松管制的影响，1987 年英国政府将 BAA 下属的七个机场（即伦敦机场群）资产所有权转让给投资公司，成立了英国机场管理局机场股份有限公司（BAA plc），实行集团化企业模式的管理和运营。英国民航局（CAA）对 BAA 进行安全监督和行业规范管理，竞争委员会（Competition Commission）对机场各项收费价格进行管理和监督。现在的BAA属Grupo Ferrovial财团下的ADI Limited以及GIC等投资公司所有。

为了提高机场运行效率，英国民航局（CAA）通过差异性收费政策对某些机型的航线机型进行调控，见表2-2。

表2-2 伦敦各机场对某机型的起降费收费标准

机场名称	收费（英镑/架次）	收费指数
希思罗	2531	100
盖特威克	1946	78
斯坦斯特德	1737	68
卢顿	2177	60
伦敦城市	3225	54

3. 国外多机场系统协调战略

（1）资源整合，协同运行

区域范围内几大机场达成共识形成"多机场系统"后，首先根据地区经济发展及航空运输市场需求状况、各机场在既有市场中的地位和优势、机场地面保障服务能力，对市场需求在系统内不同机场之间进行协调，并对航季航班航线进行必要的动态调整，使各机场都能发挥其市场优势。统一空域协调、统一航班飞行程序运行管理，使各机场的航班协同运行，以充分发挥各机场设施设备、保障服务能力和空域等资源的效用，缓解繁忙机场的航班保障压力，促进"枢纽机场—支线航空"的协调发展，使区域机场的整体效益最大化。

另外，区域范围内多个机场构成多机场系统后，各机场容量的扩充将从整个系统的服务能力出发进行通盘规划，以充分发挥系统中各机场的设施效用，也缓解了大型繁忙城市机场扩建受周围土地、噪声、空域等各种条件的制约和高昂的扩建成本。通过这种系统内机场资源整合和统一发展规划，可以发挥利用率较低的机场作用，盘活了区域内机场资源，不仅带动了闲置机场的发展，节省大量土地和投资，也带动了小机场周边地区的经济发展。澳大利亚悉尼市就是一成功案例。

（2）定位清晰，协调发展

为避免"多机场系统"中各成员机场之间的竞争以及大型机场的市场垄

断，使各机场在市场中和航线网络中发挥优势，各得其所和共同发展，促进整个区域的航空运输业和区域经济协调发展，"多机场系统"中对各成员机场在市场和航线网络中的发展进行清晰定位，使各机场有明确的发展重点。

上述两种典型的机场群的市场定位及分工如表2-3所示。

表2-3 两大机场群内成员机场的定位市场分工

机场群	管理机构	机场名称	市场定位	主要服务对象及运营航空公司
大伦敦地区机场群	英国机场管理局	希思罗国际机场	洲际、长途旅客，中转旅客	常规航空公司，几乎没有包机公司和低成本航空公司，是英航的主要枢纽机场
		盖特威克机场	部分洲际、远程旅客，包机、低成本旅客，主要非洲、南美航线	常规航空公司、包机公司和低成本航空公司
		斯坦斯特德机场	低成本航空服务、航空货运	低成本航空公司和货运航空公司，瑞安航空公司的基地机场，联邦快递、日本货运公司在英国的航空货运中心
		卢顿机场	低成本航空服务、商务飞行	包机公司、低成本航空公司、私人飞机旅客
		伦敦城市机场	商务飞行、私人飞行	商务飞行公司
纽约地区机场群	纽约新泽西港务管理局	纽约肯尼迪国际机场	欧美国际航线、旅客和货物运输	常规航空公司
		纽约拉瓜地亚机场	美国国内市场	美国航空公司、全美航空、达美航空
		新泽西纽瓦克国际机场	东亚国际航线、旅客货物运输	美国大陆航空公司、货运航空公司

（3）专业管理，错位经营

随着机场系统整合进程的逐步深入，管理机构在多机场系统范围内逐步实施统一管理，保证系统内不同层次机场的协调发展和整个系统运营效率的提高，逐步形成机场资产管理和机场运行管理的专业化。例如，巴黎机场集团的地勤服务、法兰克福机场的货运服务业务、英国机场集团的商业零售业务等。

上述多机场系统协调运行发展战略，有利于机场向专业化、集约化和规模化方向发展，避免超大规模机场带来的一系列弊病：机场过度繁忙导致航班延误晚点现象严重，空域容量压力增加，机场扩建对城市土地资源和地面交通等配套基础设施带来的巨大压力，机场安全运行的复杂性增加，机场之间争夺市场引起消耗性竞争。机场实施整合后，各机场在功能设置上不再追求原来"大而全、小而全"的运营模式，能够协调发展，有助于提高整个地区机场的总体运营效率和竞争力。

二、国内研究现状

1. 关于建设"机场群"的国家规划

随着区域机场竞争加剧和高铁影响的扩大，以及机场影响力的惯性作用与市场集聚效应，大型机场规模越来越大，受机场近空空域容量限制，航班延误越来越严重；同时，由于机场规模的扩大，机场运行效率并未同比例提升，因扩建带来的投资压力越来越大。而大型机场周边的小型机场则显得冷清，为了保障机场正常安全运行和带动地方经济发展，政府还不得不加大投资。因此，国家民航局在《全国民用机场布局规划》（"十一五"至2020年）和《中国民用航空发展第十二个五年规划》中提出了建设五大机场群的建设目标，旨在通过建设以大型国际枢纽机场为中心的机场群"以点带面"战略，带动区域机场协调发展。民航局规划的五大机场群如下：

（1）北方机场群

形成以北京首都国际机场为枢纽中心，以哈尔滨、沈阳、大连、天津机场为主要节点，辅以石家庄、太原、呼和浩特、长春等骨干机场，覆盖民航华北和东北地区管理局辖区的机场服务网络。

（2）华东机场群

以上海浦东机场为枢纽中心，以上海虹桥、杭州、南京、厦门、青岛等区域枢纽机场为节点，辅以济南、福州、南昌、合肥等骨干机场，形成覆盖民航华东地区管理辖区的机场服务网络。

（3）中南机场群

以广州白云国际机场为枢纽中心，形成以深圳、武汉、郑州、长沙、南宁、海口等区域枢纽节点，覆盖民航中南地区管理局辖区的机场服务网络。

（4）西南机场群

构建以成都、重庆、昆明三机场为中心，覆盖西南以及拉萨地区的机场服务网络。

（5）西北机场群

构建以西安、乌鲁木齐机场为中心，以兰州、银川、西宁等机场为骨干节点，覆盖民航西北和新疆地区管理局辖区范围的机场服务网络。

民航局的这两个《规划》建设的机场群特点有两个：①以民航地区管理局的辖区为基础构建机场群；②注重机场群的服务范围。

2. 关于"机场群"的研究发展动态

（1）中国民航科学技术研究院关于珠三角机场群的研究

2006年中国民航科学技术研究院胡华清领导的课题组，在国内率先开展多机场系统的研究，重点对珠三角地区机场群建设进行了研究。多篇文章分析研究了目前世界机场业较具有典型意义的大伦敦、大纽约都市群地区多机场系统运营管理模式，从而发现珠三角地区机场及发展环境等许多方面具有自己的独特性，基于区域机场发展现状，分析了该区域内机场运营过程中可能面临的问题，而且提出解决问题的有效途径。

（2）珠三角五机场的珠三角机场群年度研讨活动

珠三角地区的广州白云、香港、深圳、澳门和珠海五机场，最近几年开展了一年一度关于建设珠三角机场群的研讨会，就机场之间如何从开展合作开始，谋求共同发展和推进更深层次的合作，共同努力，达成共识，并签署备忘录。这一活动的开展，推进了珠三角地区机场的联合与合作，对未来如何构建机场群进行深入思考，具有非常重要的意义。

（3）翁亮、田琳、刘晏滔等五位作者以京津冀区域机场作为研究对象的研究

他们认为京津冀地区的机场无论是从规划还是从管理方面，都远远不是一个有机的系统。分析了该区域多机场运营发展中的不和谐因素，并从可持续发展的角度提出了京津冀区域多机场系统的协调发展战略。

（4）一些零碎的有关加强长三角、珠三角地区、环渤海湾地区机场间整合、提高区域机场资源利用率的研究

主要是对上述经济区域内机场群在发展过程中出现的表象问题进行了陈述，并主要从宏观层面提出了解决方案，研究方法以定性、对比分析为主，研究也缺乏理论方面系统的支撑，缺乏对问题产生以及解决方案的机理分析，从而降低了研究成果的说服力与学术价值。

3. 机场密集区机场管理体制现状

2009年民航局机场司对全国民用运输机场属地化管理后的机场管理模式现状组织进行了专题调研。根据调研情况分析,当前国内机场管理有6种模式,包括省机场集团公司、跨省机场集团公司、省属机场公司、市属机场公司、航空公司管理机场和委托管理等模式。同时在我国几大机场密集区域,机场管理呈现不同体制模式:

(1) 珠三角地区机场管理模式

在珠三角地区,现有8个机场,如图2-3所示(机场通航、规划、在建状态,统计截止至2018年11月)。2004年2月进行机场属地化管理时曾组建了广东省机场管理集团公司,对广州白云机场、汕头外砂机场、湛江机场和梅县机场的航线布局、航班时刻、技术和设备等资源实施统一管理。深圳机场由深圳市政府管理,珠海机场由珠海市国资委与香港机场管理局合作管理。此外,香港和澳门机场分别归属两个特别行政区管理。

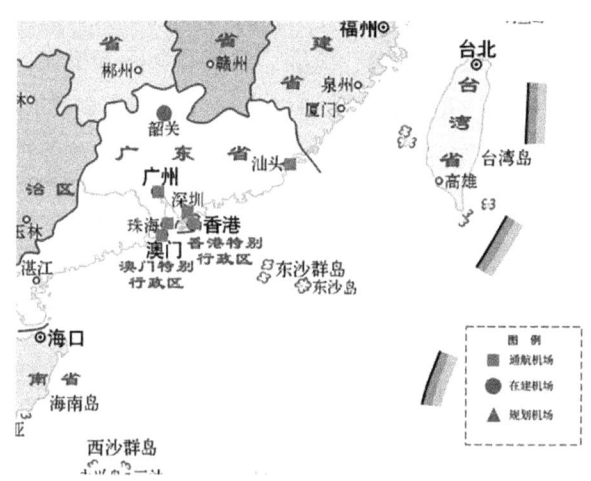

图2-3 珠三角地区机场布局①

(2) 长三角地区机场管理模式

在长三角地区,以沪、浙、苏为中心的区域内机场密集,如图2-4所示(机场通航、规划、在建状态,统计截止至2018年11月)。

---

① 本图由作者在国家测绘地理信息局监制的审图号为GS(2016)2931号的地图基础上绘制。

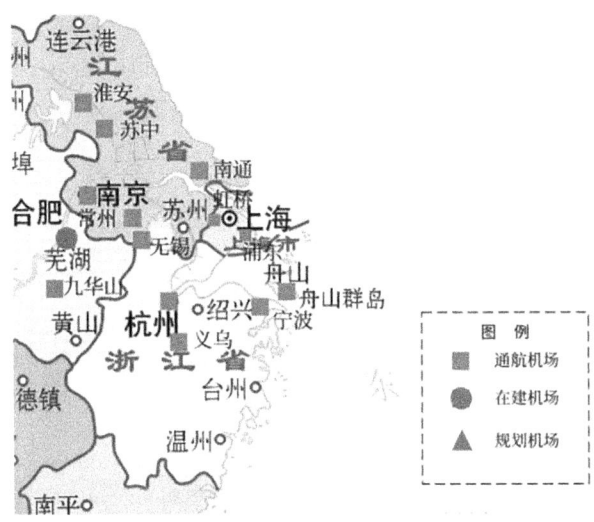

图2-4 长三角地区机场布局①

上海市成立了上海机场集团公司,负责管理市属的两个机场——浦东国际机场和虹桥国际机场。

浙江省现有8个机场。2003年12月,组建浙江省机场管理公司,对杭州萧山、宁波栎社和温州永强三个民用机场履行管理职能,舟山、台州、义乌、衢州等4个机场由当地市政府管理。2006年12月,杭州萧山机场与香港机场合资成立杭州萧山国际机场公司。由于杭州萧山机场合资等原因,浙江省机场管理公司缺少核心资源,集团管理功能减弱,2010年9月,浙江省机场管理公司更名为"浙江省机场管理局",划归浙江省交通运输厅,成为政府的职能管理部门。

江苏省现有9个机场,目前由归属地政府管理,省政府交通厅成立了民航处,负责全省机场的行业行政归口管理。

(3)环渤海湾机场管理模式

以北京为中心的环渤海湾地区机场,主要以北京市和河北省的机场为主,如图2-5所示(机场通航、规划、在建状态,统计截止至2018年11月)。其中,首都机场归民航局管理,南苑、天津机场归属首都机场集团;石家庄正定机场和秦皇岛山海关机场由河北省机场集团管理公司管理。

---

① 本图由作者在国家测绘地理信息局监制的审图号为GS(2016)2931号的地图基础上绘制。

图 2-5　环渤海湾地区机场布局[①]

（4）西南地区机场管理模式

以成都和重庆机场为中心的西南地区，机场密集，也出现多种体制的管理模式。

四川省有 6 个机场，分别位于成都、西昌、达州、攀枝花、广元和泸州，归省机场集团公司管理。如图 2-6 所示（机场通航、规划、在建状态，统计截止至 2018 年 11 月）。

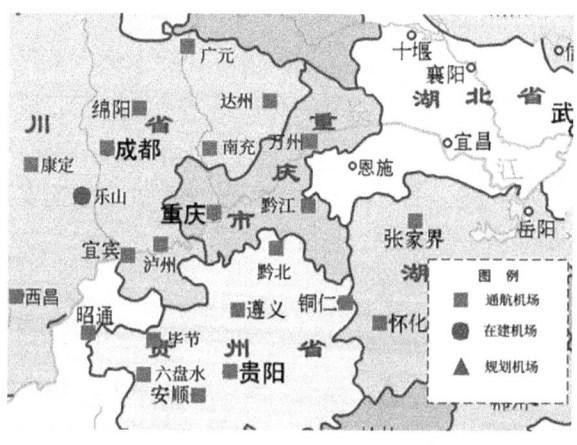

图 2-6　西南地区机场布局[②]

---

① 本图由作者在国家测绘地理信息局监制的审图号为 GS（2016）2931 号的地图基础上绘制。
② 本图由作者在国家测绘地理信息局监制的审图号为 GS（2016）2931 号的地图基础上绘制。

重庆机场由首都机场集团管理,而万州机场由属地市政府管理。

同处西南地区的贵州省机场集团公司,2004年与首都机场集团联合重组,由首都机场集团公司管理。

第二节 民航运输与区域经济的互动影响

一、国外研究现状

首先,关于民航运输对区域经济影响的研究,国外学者普遍认为航空运输将对区域经济发展有强大的积极影响。便捷的交通网络可以降低运输成本,扩大服务市场,还可以在广阔的活动范围内形成规模经济、范围经济和聚集经济的节约;交通运输还可以产生间接影响,如诱发劳动需求、经济收入所引发的乘数效应。Bruechner研究证实,良好的航空服务对城市经济有积极影响。Van den Berg等的研究表明,机场对于区域经济的影响力以及促进作用正与日俱增。以美国为例,在美国拥有机场数量越多的城市其竞争力以及经济实力越靠前,对于企业的吸引力越高。休斯敦航空机场系统研究也得出了上述研究结论,其通过调查以及对过往休斯敦经济发展报告研究发现,2005年休斯敦经济发展中,超过30%的经济产出直接或间接与机场内的经济活动有关,并且为地区总共创造了15.1万个就业岗位。

其次,区域经济对航空运输发展的研究方面,Holloway(1997)的研究发现,区域经济的发展主要从企业以及个人两方面对民航运输发展产生影响。其中对于个人而言,区域经济发展提升了人们的生活水平,从而刺激了人们外出旅行与休闲的需求,进而带动了民航运输的发展。对于企业而言,区域经济发展为企业进一步的发展提供了契机,企业也在发展壮大的过程中谋求进一步的规模提升,由此就需要更多的生产要素的支持,进而刺激了其对于航空运输的需求。Anthony T.H. Chin和John H. Tay(2001)通过回归模型的建立,论证了民航发展速度和GDP增长速度存在正相关关系。R. Ramanathan(2001)利用协整理论探讨了印度运输旅客周转量以及总周转量与经济发展之间的关系,发现当印度GDP每增长1%,总周转量增长1.183%。Ryan Tam和R. John

Hansman（2003）分析了美国经济发展与民航运输之间的关系，他们认为经济高速发展提升了人们物质水平以及精神需求，而这无疑刺激了人们休闲旅游的消费需求，由此提高了人们对民航运输的需求。

二、国内研究现状

国内关于航空运输与区域经济发展关系的研究起步较晚，其中许多运输经济学者强调交通运输对区域经济增长的作用。陆大道（2003）提出了"点轴空间结构系统理论"，认为交通运输本身的辐射效应以及对于区域物流成本的降低与资源运输效率的提升，可以充分提升区域内的企业竞争力，从而拉动区域经济发展。张文尝、金凤君、樊杰（2002）提出的交通经济带理论，阐述了现代交通运输行业发展对于区域经济发展的作用，以及不同运输工具在不同阶段对于区域经济不同程度的影响。武伟（1997）等研究了交通运输对沿线区域经济的影响极及其开发模式。景国胜（2000）对我国现有的交通运输行业可持续性发展进行了研究与分析，并认为具有更高可持续性的交通行业与部门对于区域经济发展的积极作用以及长远发展更加有利。随着国内航空业的不断发展，机场经济被形象地称作"临空经济"。关于航空运输发展与经济发展关系的探讨也日渐升温。宋伟系统描述了民用航空机场在世界范围内，对城市和区域经济发展产生的潜在积极影响。刘英（2000）通过对比分析1985~1999年全国民航运输发展速度与GDP增长速度后发现，20世纪80年代以来，民航发展虽然优于经济增长，但其优势地位在逐步削弱，据此认为民航运输业在经历了跳跃式发展后其边际收益率逐步降低。叶舟（2005）对我国民航发展和经济增长进行因果检验，认为我国民航业还处于粗放型增长阶段，整体民航运输发展对于经济的促进作用并不显著。杨松（2006）利用相关分析等方法分析了GDP的水平与民航客货周转量之间的关系，同样发现两者之间并不存在显著相关性。

第三节 机场群航空客流分布研究

在多机场区域内，由于各个机场的服务水平差异，存在航空旅客决定哪家机场登机的选择行为，结果表现为各机场的市场份额不同，在航空运输网络中呈现出一种客流分布状态。

一、国外研究现状

1976年，Skinner教授采用Logit模型研究分析了航空旅客对区域内多个机场的选择状况。随后，Thompson和Caves（1993）、Furuichi和Koppelman（1994）、Windle和Dresner（1995）、Pels E.和Nijkamp P.（2001）、Erwin A. BlackStone和Andrew J. Buck（2006）、Philippe A.Bonnefoy和R. John Hansman（2007）等多位学者，分别采用Logit模型分析了美国、欧洲、日本等多机场地区航空旅客的机场选择行为，试图解释影响航空旅客机场选择行为的敏感因素。

二、国内研究现状

纵观国内关于旅客吞吐量的分布研究，大多采用重力模型、回归分析等集聚模型对单个机场或全国机场进行旅客吞吐量预测。赵凤彩、吴彦丽（2008）以上海、杭州机场群区域内的航空旅客为对象，运用多项式Logit模型预测了区域内各机场的旅客吞吐量。

第四节 机场运行效率评价方法

一、国外研究现状

20世纪90年代，各国政府、民航组织、学者及专家开始对民用机场的运营效率问题展开研究，由于各自所处的环境及各国民航发展的程度不同，机场定位和管理模式不同，对机场运营效率的研究所关注的侧重点也各不相同。

国际机场协会（ACI）每年主要从旅客吞吐量、货邮吞吐量和飞机起降架次这三个方面进行简单地排序。ACI每年还从机场的旅客服务上，对会员机场进行评价。

伴随着20世纪90年代末至21世纪初美国经济的稳步发展，美国在全球经济中的地位愈加凸显，由此对机场的容量需求也与日俱增。美国联邦航空管理局（FAA）根据对现有美国机场的容量测定以及未来的市场需求，认为在未来 10~20 年，制约航空运输发展的重要因素来源于机场容量的不足，因而其对于机场经营评价的重点在于机场规模的扩展以及容量的扩充。

英国民航部门由于考虑到目前整体的机场客容量在未来 20 年内能够充分应对市场需求，因此其将运营效率研究更多的是集中于如何提升机场整体竞争力，从而更好地发挥英国在欧盟乃至欧洲范围内的物流以及航空服务，提高机场整体的竞争力。英国民航部门对国内的主要机场进行分类，根据不同机场的职能以及功能属性借鉴全球优秀机场的发展模式与竞争策略，进而对现有的机场经营效率进行优化与完善。

除了上述政府层面的研究之外，国外的众多学者也对机场运营效率进行了全面而系统性的研究，并且利用数据包络分析法（Data Envelopment Analysis，DEA）等形式，力求更加全面地对现有机场经营效率进行评价。

Gillen 和 Lall（1997）首次建议使用数据包络分析法对机场的运营效率进行评估，他们使用 DEA 模型评价美国 21 家机场的运营效率，并利用 Tobit 回归模型对影响机场生产效率的因素予以识别。Sarkis（2000）使用了 DEA 方法对美国的机场作了评估，他的主要目的是验证三个假设，即：①中枢机场比非中枢机场运营更有效；②多机场体系下的机场比非多机场体系下的机场运行更有效；③处于非降雪带的机场比处于降雪带的机场运营更有效。最后通过 DEA 方法得到的评价结果验证他的观点。Pels（2001）用 DEA 模型和 SFA 随机前沿分析法研究了 1995~1997 年欧洲 34 个机场的相对效率。他们分析的焦点集中在机场的运营是处于规模经济递增、递减还是不变的。在他们的研究中，劳动力和资本投入没有被考虑进去。最后他们得出的结论是规模经济递增。

Martin 和 Roman（2001）则应用 DEA 模型对西班牙 37 个机场的生产效率予以评价，进一步分析了机场产出潜在增长能力以及闲置的投入数量，并给出了西班牙在机场私有化过程中应考虑的政策建议。Fernandes（2002）研究了 35 个巴西机场的运营效率问题，他们对机场的空侧效率和陆侧效率分别进行了研究，指出了其中存在的问题，并给出了提高空侧效率和陆侧效率的相关建议。Massoud Bazargan 和 Bijan Vasigh（2003）使用 DEA 方法对美国 1996~2000 年 45 个商用机场进行了研究，这 45 个机场由大、中、小三类机场组成，他们分析了机场大小与运营效率之间的关系。Joseph Sarkis 和 Srinivas Talluri（2004）

使用多准则非参数方法，对美国44个机场进行了评价，他们借用这些机场1990~1994年的数据，同时从横向和纵向比较了这些机场的效率问题。Lin和Hong（2006）以DEA模型为理论工具，对全世界20家主要机场进行生产效率评价，并对机场特性与生产效率之间的关系进行了探讨，发现机场所有权和机场大小与机场运营效率不显著相关，而机场运营效率与枢纽机场、机场位置和机场所处地区经济增长率相关。

二、国内研究现状

由于我国航空运输业发展较为缓慢，因此，与国外相比，国内对于机场运营效率的研究刚刚起步，目前比较具有代表性的研究包括：

沈兰成（1999）提出了"业绩控制及评价指标"这一概念，通过将评价指标与业绩之间进行关联性比对，从而更好地对现有机场经营效率进行量化，具体评价指标包括效益评价指标和安全服务评价指标。

都业富、朱新华和冯敏（2006）在《DEA方法在中国民用机场评价中的应用研究》中，选取了主营业务投入、固定资产净额以及流动资产作为输入指标，以旅客吞吐量、飞机起降架次和主营业务收入作为产出指标，将机场分为四类，并采用C2R模型对不同类别的机场进行了效率分析。

孙新宪和胡建琦（2006）在《基于DEA聚类分析的我国中西部机场经营模式研究》中，选取了实收资本、固定资产净额以及机场服务费用作为输入指标，以旅客吞吐量、货邮吞吐量、飞机起降架次和主营业务收入为产出指标，采用CCR模型和BCC模型分析对中西部机场的技术效率和规模效率进行了定量分析，并采用聚类分析的方法，将中西部机场进行了分类，然后按类选择合适的机场经营模式。

张越和胡华清（2006）在《基于Malmquist生产力指数的我国民用机场运营效率分析》中，使用DEA中的Malmquist生产力指数分析方法对我国民用机场1995~2005年的运营效率进行了分析。研究发现，目前我国民用机场业务量增长主要依赖设施规模的扩大，机场规模效率和技术因素在业务量增长过程中所发挥的作用并未发生明显变化。并且随着机场设施规模的迅速扩大，生产和管理技术进步指数出现了下降趋势，导致机场整体运营效率下降，并未随着业务量增长而同步增长。另外，他们还发现我国机场运营效率和运营规模之间并不存在正相关性。

李兰冰和刘秉镰（2007）在《我国对外开放机场的动态生产效率研究》中利用数据包络分析法和 Malmquist 生产率指数对我国对外开放机场 2001~2005 年的生产效率及其变动情况进行总体评价，并利用 Tobit 回归模型对影响机场生产效率的因素予以识别。

第五节　机场协同决策模型研究

一、国外研究现状

20 世纪 90 年代，协同决策成为空中交通流量管理的新理念，它以航管机构和航空公司间良好的沟通和信息交换机制为前提，实现更好的、两者共同参与的航管协同决策。美国和欧洲在协同决策理念和技术方面较为成熟。欧洲的机场协同决策的核心是里程碑方法，在共享相关利益者数据的前提下，描述出发航班的离散事件和状态的过站流程，同时也强调了可变滑行时间、协同离场前排序、不利条件下系统运行及航班更新的协同管理等因素。美国采纳欧洲机场协同决策技术的同时，认识到欧美间在机场运营和航管上存在的差异，提出了地面操作协同决策概念和相关技术，形成了指导机场地面航空流量管制的框架。

国外对机场协同决策的研究主要集中在时隙分配方面，因为采取地面等待延迟限制性航管措施后的直接结果，就是需要对相关机场的航班到达时隙进行重新分配。在这种情况下，地面等待对机场协同决策的作用反映到多个阶段的机场航班时隙分配中，包括航管机构的时隙初次分配、航空公司的内部航班调整和最终的时隙二次分配等。时隙分配方面的研究主要包括两个方面，分别是时隙分配模型和机制的研究与时隙分配求解优化算法的研究。

围绕时隙分配模型和机制的研究，Odoni（1987）提出以拥挤成本最小化为目标进行起飞排序的思想，这是时隙分配研究的最初形态。Ball（1993）等提出了起飞时隙分配的公平性原则并建立总延误费用最小的分配模型。Ball（2010）和 Ribeiro（2013）研究指出，基于博弈理论对机场飞机离场序列进行管理在机场协同决策研究中的应用趋势越来越明显。Rassenti（1982）提出基于机场跑道的组合拍卖策略的时隙分配机制，Balakrishnan（2007）提出基于"首位交易循环"（Top Trading Cycle，TTC）市场模型和维克瑞-克拉克-格罗夫时隙分配机制。在时隙分配过程中，航空公司之间的时隙转让被认为是协同决策的显著进步，同时也为机场协同决策的研究者和使用者指明了新方向。Jarvis（2010）提出集中式多智能体的协同空中资源管理理念，Schummer（2013）将航空公司定义为智能体以解决时隙二次分配问题，并拓展了协同决策的"所有权"概念。

围绕时隙分配求解优化算法的研究，主要集中于运用运筹学、人工智能和博弈论等方法解决起飞顺序协调、航路流量调整、地面等待等空中交通管理问题。Oussedik 和 Delahaye（1998）采用遗传算法求解飞机降落时间和路径，并利用编码技术改进了遗传算法搜索性能，为人工智能算法在模型计算中的应用提供了指导。Pulugurtha（2001）同样将遗传算法引入到飞机降落时隙分配求解模型中。Vossen 和 Ball（2005）建立基于航空公司目标时隙下的时隙分配模型，该模型首次体现航空公司决策能力，但决策空间仅限于按时刻表分配法（Ration-by-Schedule，RBS）所确定的时隙，并采用贪婪算法求解。

二、国内研究现状

国内围绕机场协同决策的研究起步较晚，初期研究集中于时隙分配基本属性和方法等相关理论研究。周沁、张军等（2005）、董云龙（2007）、赵磊（2008）对时隙资源分配的公平性和有效性进行了研究。张洪海（2009）提出基于有效性、功效性和公平性的时隙分配及优化方法。徐肖豪（2010）重点论述了时隙分配的概念、属性、模型和算法，并总结出时隙分配的关键问题，即随机容量的影响、均衡模型的建立以及模型求解算法的研究。

2008 年国内学者逐步将人工智能算法应用于时隙分配求解与优化中，张荣、胡明华、张洪海（2008）采用遗传算法建立了一种基于延误成本均衡为目标的协同等待策略，陈世林（2008）借助贪婪法求局部最优的思想提出了协同决策的地面等待策略。

伴随着 2009 年我国民航局对开发应用协同决策系统的高度重视和一系列由空中交通管理局专门发文下达的航班协同指导材料，南京航空航天大学于

2011年11月建设国家空管飞行流量管理技术重点实验室。以胡明华为代表的学者围绕基于时隙分配的终端区进离场交通流协同优化进行深入研究。杨尚文等（2012）提出利用终端区容流调配机制，解决机场容量波动性所引起的航班延误，并采用捕食搜索算法求解及验证其鲁棒性。杨尚文等（2014）进一步提出机场容量动态预报更新模式下的随机性协同时隙分配策略，并采用多目标遗传算法求解，实现了机场概率容量条件下时隙资源的公平、有效分配。尹嘉男等（2014）为有效平衡机场容流供需，基于跑道容量包络线理论及引入容量损失系数反映模式切换特点，提出多跑道协同运行模式优化模型，并采用带精英策略的非支配排序遗传算法进行求解，结果显示优化模型可显著提高航班正常性。

国内研究成果虽较为丰富，但仍存在一些问题：①当前研究大多聚焦单机场，结合国家机场群系统协同运行发展趋势，对于区域多机场终端区进离场排序或时隙分配协同问题的研究仍较为欠缺；②当前研究没有充分考虑机场场面资源、跑道资源及空域资源的联合影响；③优化模型大多以航空公司航班延误最小化为目标，忽略了区域多个机场之间资源利用的公平性问题。马园园（2016）针对大都市圈内容流矛盾的严峻现实，从时空多维度引入航班满意度概念，并考虑多机场系统多终端区空域资源的公平均衡性，提出了多机场终端区进离场交通流协同排序策略；该研究内容为我国区域机场群协同运行路径提出了新方向。

本章小结

本章重点对机场群协调运行管理模式、民航运输与区域经济的互动影响、机场航空客流分布、机场运行效率评价方法以及机场协同决策模型的国内外相关文献进行较为全面的论述。

国外学术界的研究主要是围绕规划区域多机场系统，属于机场的事前规划范畴，基本都没有涉及实际存在区域范围内多个机场的发展运营该如何协调运行等问题。国内有关机场群协调运行管理的研究，主要是对经济区域内机场群在发展过程中出现的表象问题进行陈述，并主要从宏观层面提出了解决方案，研究方法以定性、对比分析为主，研究缺乏理论方法系统的支撑，缺乏对问题产生以及解决方案的机理分析,从而降低了研究成果的说服力与学术价值。张越、胡华清对珠三角地区多机场系统的研究较深入,透彻地分析了该区域内机场运营过程中可能面临的问题,发现珠三角地区机场及发展环境等许多方面具有自己的独特性,并且提出解决问题的有效途径。

民航运输与区域经济之间的互动是双向影响的,以往研究集中于民航运输对区域经济的单向影响,关于民航运输与区域经济双向互动影响的机理和评价方法研究是值得继续深入研究的又一领域。

国外有关航空客流节点分布的研究主要采用各种形式的离散选择模型,考虑航班频率、机票价格、到达机场的地面交通时间等诸多影响机场服务水平的因素对旅客选择机场的影响,计算旅客选择机场的比率,由此计算旅客分布结果。西方有专门的调查机构,对众多的旅客做详尽的调查,为研究积累了宝贵的基础数据,这一统计优势却成为制约国内进行相关研究的重要因素。

国内外学者对机场运营效率的评价,大多采用数据包络分析法,评价指标只涉及基础设施投入规模及客货吞吐量等一系列期望产出指标,认为机场"规模大、运量多、起降忙"则机场运营效率高,但忽视了机场运营过程中非期望产出——航班延误、噪声、有害排放物等对机场运营效率的负面影响。基于非期望产出的机场运营效率评价的研究国外很少,国内几乎没有。

国内外学者围绕机场协同决策模型的研究,主要集中在时隙分配模型和机制的研究、时隙分配求解优化算法以及空中交通流排序的研究,国内研究虽起步较晚,但研究成果丰富,研究视角经历了由理论方法基础研究到构建时隙分配模型、由构建时隙分配优化模型到采用人工智能算法进行求解、由单机场进离场交通流排序到多机场进离场协同排序的逐渐演变与发展,研究成果为机场群协调运行方法研究提供了新的方向。

第三章 长三角区域机场群客运市场特征分析

第一节 长三角地区经济与航空运输市场综合分析

一、区域经济发展特点分析

1. 经济总量平稳增长

长三角地区有史以来就是中国经济、科技、文化、交通和旅游最为发达的地区。据统计，2017年，在面积不到全国10%、人口只有全国6%的长三角地区（16市），GDP总量达到137 899亿元人民币，比上年增长10.9%，占全国GDP总量的16.67%，人均国内生产总值达到28.08万美元，比上年增长9.6%；城镇居民人均可支配收入达到51 233元，平均增幅达8.6%；地方财政收入17 243.5亿元，比上年增长8.4%。近五年（2013~2017年）长三角地区GDP呈现稳定增长的趋势，在全国经济中的位次稳中有升，江苏省和浙江省GDP均分别位居全国第二、第四位，上海市GDP同样处于全国重要位置；其中，2013~2017年长三角地区GDP年均增长率达到8.78%，高于全国GDP年均增长率0.6个百分点。如表3-1所示。

表 3-1 2013~2017 年全国、长三角各省 GDP 比例分析

单位：人民币亿元

年份	全国 GDP	长三角 GDP	占全国比例（%）	江苏省 GDP	占全国比例（%）	浙江省 GDP	占全国比例（%）	上海市 GDP	占全国比例（%）
2013	590 422	98 513	16.69	47 780	8.09	28 475	4.82	22 258	3.77
2014	644 791	106 517	16.52	51 663	8.01	30 794	4.78	24 061	3.73
2015	686 450	113 784	16.58	55 372	8.07	32 769	4.77	25 643	3.74
2016	741 140	124 269	16.77	60 115	8.11	35 976	4.85	28 179	3.80
2017	827 122	137 899	16.67	67 816	8.20	39 949	4.83	30 134	3.64
年均增长率（%）	6.97	6.96	—	7.25	—	7.01	—	6.25	—

说明：统计范围为"长三角"地区两省一市的 16 个城市。

2. 对外联系日益增多

随着区域经济全球化的发展进程以及"区域大通关协作"的实施，长三角地区加快对外开放步伐，进出口贸易发展迅速。据统计，2009 年受金融危机的严重冲击以及 2013 年国际贸易形势严峻，经济下行压力增大，政府改革经济增长结构，由依靠出口转变为拉动内需，导致 2013~2017 年全国进出口贸易额年均增长率下降。但 2017 年长三角地区进出口贸易总额高达 14 036 亿美元，占全国对外贸易总额的 34.58%，同比增长了 19.07%，其中占绝大多数的为高新技术和机电产品；同时 2013~2017 年年均增长率达到 2.5%，高于全国年均增长率近 3 个百分点，如表 3-2 所示。

表 3-2 2013~2017 年全国、长三角各省进出口贸易比例分析

单位：亿美元

年份	全国 进出口贸易额	长三角 进出口贸易额	占全国比例（%）	江苏省 进出口贸易额	占全国比例（%）	浙江省 进出口贸易额	占全国比例（%）	上海市 进出口贸易额	占全国比例（%）
2013	41 590	12 404	29.83	5244.	12.61	2746	6.60	4414	10.61
2014	43 015	12 865	29.91	5344	12.42	2855	6.64	4666	10.85
2015	39 530	12 400	31.37	5173	13.09	2770	6.85	4517	11.43
2016	36 856	11 789	31.99	4825	13.09	2625	7.12	4338	11.77
2017	40 593	14 036	34.58	5453	13.43	3875	9.55	4709	11.60
年均增长率（%）	−0.5	2.5	—	0.8	—	7.1	—	1.3	—

说明：统计范围为"长三角"地区两省一市的 16 个城市。

3. 产业结构逐步优化

上海作为长三角区域核心城市,其经济发展在全国处于领先地位。特别是近年来随着上海自由贸易区的开设以及洋山深水港的建立,进一步促进与推动了上海产业发展以及规模的调整。使得上海从过去的第一、第二产业为主的结构逐步过渡到了以第三产业为主、以高新技术和金融、贸易产业为主要发展目标的发展模式。除了上海之外,包括苏州、常州、杭州以及绍兴等长三角杭州区域的城市也在积极利用上海发展中的区域辐射效应,不断转变产业发展模式,进一步提升第三产业的比重。逐步提升区域旅游业、轻工业以及房地产业的发展。但是,随着上海整体产业结构的调整,其区域内的传统制造业也必然会向长三角地区其他城市迁移,其中扬州、南通等地则有效承接了上海经济与产业转型后所遗留的制造业的迁移,因此上述地区依然是以第二产业为主,如表3-3所示。

长三角地区按照"三、二、一"产业发展方针,出现产业结构优化调整步伐加快、三项产业协调发展的良好势头。其中第二产业继续发挥对经济的支撑作用,第三产业快速发展,逐步赶超第二产业,工业经济实力进一步增强,实现工业园区化、集约化和规模化。包括上海、舟山、南京、杭州这些城市在内,第三产业比重都高于第二产业,且比重逐年增加,高出20%~40%;苏州、无锡、常州等城市第三产业比重逐渐增加,第三产业比重约高于第二产业5%左右;而其他城市,如嘉兴和宁波,第二产业比重仍然较大,高出第三产业10%左右。

表3-3 2013~2017年长三角地区16市三种产业构成比例比较

城市	2013年	2014年	2015年	2016年	2017年
上海	0.6:37.2:62.2	0.5:34.7:64.8	0.4:31.8:67.8	0.4:29.8:69.8	0.3:30.7:69.0
南京	2.5:43.1:54.4	2.4:41.1:56.5	2.4:40.3:57.3	2.4:39.2:58.4	2.3:38.0:59.7
杭州	3.1:42.6:54.3	3.0:41.8:55.2	2.9:38.9:58.2	2.7:36.4:60.9	2.5:34.9:62.6
苏州	1.5:51.9:46.6	1.5:50.1:48.4	1.5:48.6:49.9	1.4:47.1:51.5	1.4:47.4:51.2
无锡	1.8:53.0:45.2	1.8:52.1:46.1	1.7:49.9:48.4	1.6:49.3:49.1	1.5:47.2:51.3
常州	3.2:51.6:45.2	2.8:50.1:47.1	2.8:47.7:49.5	2.6:46.5:50.9	2.4:46.5:51.1
镇江	3.7:52.3:44.0	3.7:50.2:46.1	3.8:49.3:46.9	3.6:48.8:47.6	3.4:49.5:47.1
扬州	6.9:52.1:41.0	6.5:51.0:42.5	6.0:50.1:43.9	5.6:49.4:45.0	5.2:48.9:45.9
泰州	6.8:52.3:40.9	6.2:50.4:43.4	6.0:49.0:45.0	5.9:47.1:47.0	5.5:47.2:47.3

续表

城市	2013年	2014年	2015年	2016年	2017年
南通	6.9∶52.1∶41.0	6.5∶50.8∶42.7	5.8∶48.4∶45.8	5.4∶46.8∶47.8	4.9∶47.1∶48.0
宁波	3.9∶52.5∶43.6	3.6∶51.8∶44.6	3.6∶49.0∶47.4	3.6∶49.6∶46.8	3.2∶51.8∶45.0
湖州	7.0∶52.8∶40.2	6.1∶51.1∶42.8	5.9∶49.0∶45.1	5.6∶48.1∶46.3	5.1∶47.4∶47.5
嘉兴	4.7∶54.0∶41.3	4.3∶54.1∶41.6	4.0∶52.6∶43.4	3.5∶52.1∶44.4	3.1∶53.0∶43.9
绍兴	4.9∶53.0∶42.1	4.6∶51.9∶43.5	4.5∶50.4∶45.1	4.5∶49.2∶46.3	4.0∶48.8∶47.2
舟山	10.3∶44.2∶45.5	9.9∶42.1∶48.0	10.2∶41.4∶48.4	10.6∶39.8∶49.6	11.7∶36.5∶51.8
台州	6.7∶47.2∶46.1	6.4∶46.4∶47.0	6.5∶44.1∶49.4	6.5∶43.5∶50.0	6.1∶44.2∶49.7

4. 城市经济网络化倾向增强

长三角地区由铁路干线、高速公路、港口、航空组成的交通运输网络，为城市之间奠定了建立在基础设施之上的物质联系；企业集团的发展和跨区域重组加强了城市之间的市场联系；知识供给源的增加与科技创新速度的加快，使得长三角各城市之间的联系趋于紧密。上海作为长三角地区经济发展的核心，是整个区域内资金、物流、信息和技术的集聚与扩散辐射点，并且对周边城市产生外部经济影响，形成城市群经济联动发展的格局。苏州、无锡、常州、杭州主动接轨上海，吸引大量原本奔向上海的外部资源，充分利用"溢出效应"，同时与长三角其他城市建立经济联系，推动跨区域资源要素流动。湖州、宁波、嘉兴、南通在对内经济联系过程中较少地受其他城市影响，体现了长三角各城市开放的经济联系中不乏整体联结性。

二、区域经济与民航发展的互动影响机理

图3-1可直观地反映出2013~2017年长三角区域经济增长与民用航空运输业发展之间的良性互动关系。长三角地区发达的经济，为该地区民航运输市场提供了充沛的客源和货源。这期间，长三角地区民航发展迅速，机场旅客吞吐量年均增长率达到11.4%，货邮吞吐量年均增长率达到11.6%。

一方面，在以信息化、智能化为主导的外向型经济区域中，航空运输无疑是时效性强、高附加值产业流通的重要通道。目前，长三角地区内，产业集群大致分为两类：一是长三角传统优势产业和新兴产业发展形成的产业集群，如上海、杭州、苏州等地的汽车、钢铁、医药、石化、丝绸、电子等优势产业和

金融、信息技术产业等发展而来的产业集群；二是具有地区特色的许多富有竞争力的产业集群，如浙江温州的鞋业、宁波的家用电器、永康的小五金、义乌的小商品等。这些产业的蓬勃发展为长三角地区的航空货运提供了巨大的市场。

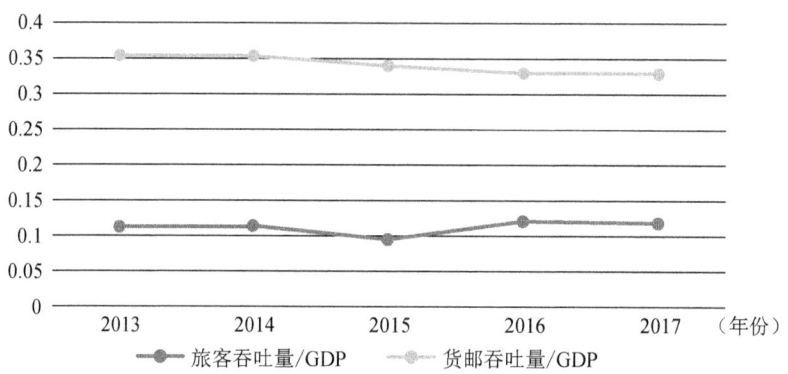

图3-1 航空旅客周转量、货邮周转量与GDP的比值

同时，长三角地区第三产业在经济结构中的比重也不断增加，2017年长三角地区第三产业总值占全国第三产业的21.4%。旅游业、金融业等产业的发展给长三角地区航空客运市场提供了庞大客源。长三角地区旅游资源几乎占全国一半，包括100个国家4A级景区和19个国家5A级景区，接待的入境游客占全国1/4，国内游客占1/3。繁荣的区域经济、丰厚的东方文化底蕴、发达的空中与地面交通、紧密的城市合作，"无障碍旅游"的"长三角旅游一体化"有力地推动"长三角经济一体化"发展进程，实现了"经济—旅游—交通"的互动良性发展和同步增长局面。2016年，长三角地区旅游接待游客15.47亿人次，实现国内旅游收入20 996亿元，占全国比重分别高达34.84%和53.50%。

另一方面，民航运输对区域经济具有积极的带动作用。据国际民航组织统计，全球超过5%的经济价值来自民用航空运输，全球贸易中有35%的贸易通过航空运输实现。由此可以看出，航空运输，特别是民航运输，对区域经济发展起到了推动与促进作用。航空运输拥有便利性、时效性以及稳定性等多重有利因素，因而随着区域经济发展水平的不断提升以及全球化进程的加速，经济发展对于民航运输的依赖性必然会进一步增加。

就大尺度空间而言，民用航空的发展拉近了区域距离，提高了资源要素的流动效率，从而创造了一个优越的商务、创业、就业及定居环境，强化所在区域的全球节点区位。就较小尺度空间而言，航空运输利用自身优势，可产生影响：①直接影响：即航空运输本身所产生的影响，主要包括货邮运输、机票买卖和其他的一般性服务、航站服务以及飞机等相关设备的维护维修等服务；②间接影响：促进了区域服务业，特别是物流行业的发展，强化了商品周转的速度；③诱发影响：即带动周边产业的发展——民航运输的发展无疑可带动包括旅游、制造、物流等产业的发展，而它们又将会进一步拉动区域餐饮、零售等产业的发展，进而形成一系列的延伸与诱发效应；④催化影响：航空效率的提升无疑可提高生产要素的流动效率，降低运输成本，由此对受物流影响较大的如贸易、运输产业将会产生巨大的促进作用，提升了上述产业的发展以及相关企业的市场竞争力。

首先，以上四种影响对区域经济带来宏观层面的表现——拉动区域 GDP 的增长，同时对地区产生巨大的社会效应，成为社会发展的驱动力以及创造工作岗位和财富的源泉。在凯恩斯宏观经济框架内，作为国民经济重要部门的机场发展表现为民航运输业务量的增加，根据总的消费函数 $C=f(Y)$、税收函数 $T=tgY$ 的影响，总产出的增加会引起消费、政府财政收入的提高；同时根据生产函数 $Y=f(K,L)$，总产出增加会吸纳更多的劳动者就业。根据航空运输组织协会的调查与研究，2015 年通过航空运输产生的国际贸易额价值为 5.7 万亿美元，提供了 6300 万个就业岗位，创造了 2.7 万亿美元的 GDP。表 3-4 列出了禄口机场 2030 年可提供就业人数的预测值。

表 3-4 禄口机场提供就业预测

单位：$\times 10^4$ 人

	旅客人数	直接就业①	间接就业
2030 年	4000	5~6	15~24

注：①按每增加 500 名旅客需增加 1 名机场雇员估算。

其次，民航运输对区域经济会产生产业层面的中观影响，主要表现为：航空运输影响产业聚集范围更广、聚集速度更快、聚集水平更高，高新技术产业、现代制造业、现代农业和现代服务业更为发达。民航运输产业与国民经济各部门产业间相互依存、相互影响，表现出前向或后向的联系，民航运输业主要前后向产业关联度如表 3-5 所示。民航发展的前向影响表现为航空运输业的发展促进了一些以机场为依托的部门的发展，主要有航空物流业、高新产品制造业、国际商务会展业和娱乐体育休闲业。后向影响即那些为机场提供生产要素的产业的贡献，主要是道路运输业、商务服务业、航空制造业、航空运输服务业。从航空运输前后向产业关联的角度看，其对于区域经济影响主要来自以下几方面：①现代经济的发展强调的是效率与速率，而民航运输本身在时间以及稳定性方面无疑是传统运输工具所无法比拟的，能够帮助区域发展形成更为良好的物流运输平台以及生产要素更优化的流转方式；②航线网络巨大的空间辐射能力，更为有效的带动区域内的贸易、旅游以及高新技术的发展，为企业提供更为便利的资源优势；③航空运输带来的巨大的人流、物流和商流，这些要素之间的互相流动和结合，不仅促进了物流业、贸易行业以及旅游产业自身的发展，更是利用这些产业的延伸性与辐射性，扩散到了诸如餐饮、酒店、购物以及会展等其他产业，从而形成了一条完整的产业链。

表3-5 航空运输业直接前向、后向产业关联度

直接前向关联产业	类型	关联度	直接后向关联产业	类型	关联度
批发和零售贸易业	紧密关联型产业	0.0741	石油及核燃料加工业	紧密关联型产业	0.1168
公共管理和社会组织		0.0733	其他交通运输设备制造业		0.1151
航空运输业	一般关联型产业	0.0424	道路运输业	一般关联型产业	0.0632
商务服务业		0.0389	商务服务业		0.0512
教育事业		0.0355	航空运输业		0.0425
金融业		0.0322	金融业		0.0333
旅游业		0.0227	其他通用设备制造业		0.0329
其他通用设备制造业		0.0150	批发和零售贸易业		0.0265
房地产业		0.0140	保险业		0.0260
邮政业		0.0132	餐饮业		0.0126
建筑业		0.0116	食品加工和食品制造业		0.0109
居民服务和其他服务业		0.0115	住宿业		0.0102
其他专用设备制造业		0.0098	计算机服务和软件业		0.0086
电子通信设备制造业		0.0091	租赁业		0.0081

最后，民航运输对区域经济产生企业层面的微观影响。发达的航空运输是企业发展的助推器，一方面利用航空运输的快捷性和便利性，促进了区域生产

要素的流动，保证企业资源输送的及时性，降低物流成本，提高区域经济竞争力；另一方面利用产业和要素的聚集优势，不同规模的企业皆可成为全球市场的参与者，节约交易费用。依托长三角地区发达的航空网络，该地区正在崛起为世界性的IT产品制造基地。

除积极效应外，机场的发展对区域经济还会带来一些负面效应，如机场运营会给所在城市带来噪声等环境污染以及交通拥挤等问题；在资源总量一定的前提下，机场与有相同基础需求的企业之间在土地、资金方面不可避免的产生竞争。

结合上述长三角地区机场与经济发展现状，图3-2勾勒出民航发展与区域经济发展关联模型。

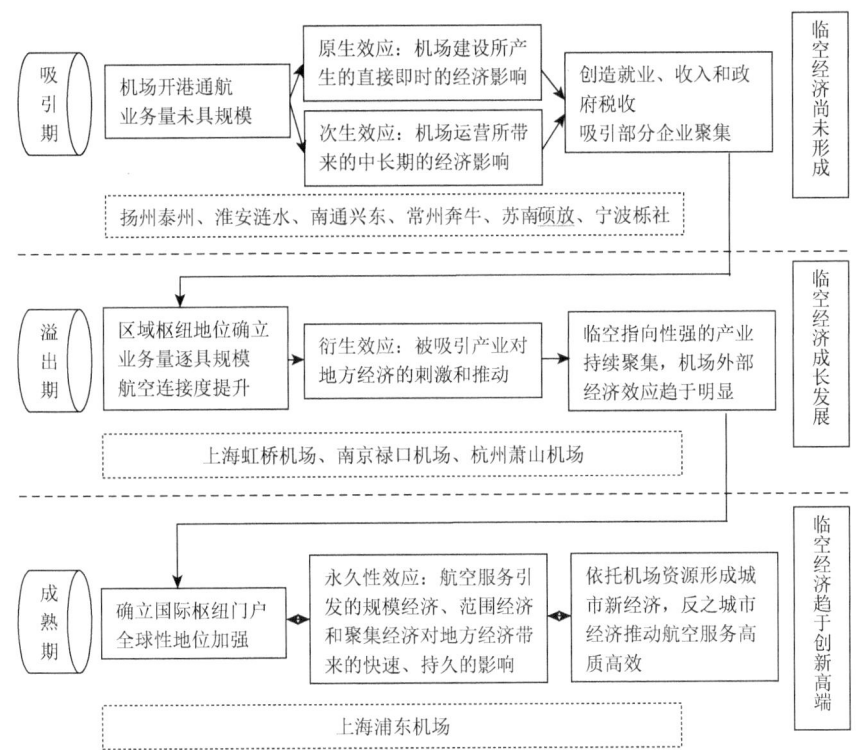

图3-2 民航发展与区域经济发展关联模型

三、长三角区域经济增长与民航发展的因果关系分析

长三角区域机场发展如果盲目追求规模和短期效益,不仅会造成土地等资源的浪费,还会影响到区域经济的健康发展。因此,科学分析民航发展与区域经济增长之间的关系,有助于明确民航运输在区域经济发展过程中所扮演的角色,为相关政策制定提供依据。

基于上述分析和研究思路,拟采用格兰杰因果关系检验(Granger Causal Relation Test)方法,在单位根检验和协整检验的基础上,分析2002~2011年长三角区域上海浦东、上海虹桥、杭州萧山、南京禄口、宁波栎社、苏南硕放、常州奔牛、南通兴东、台州黄岩、舟山普陀山各机场和机场群与各机场所在地区及长三角区域经济增长的关联度。

1. 指标选择与数据来源

以GDP(单位:亿元)作为区域及地区经济发展指标。长三角地区16市的GDP数据来源为每年各省市的统计年鉴。由于从统计年鉴上得到的GDP数据是当年价格,为消除物价因素的影响,运用式3.1计算出以1990年为基期的各省市各年实际GDP。

$$\text{报告期实际GDP} = \text{报告期可比价格指数}/100 * 1990\text{年GDP} \quad (3.1)$$

机场的旅客和货物吞吐量数据来源于每年的《从统计看民航》。

2. 单位根检验

对时间序列建模,为消除时间序列的伪回归可能性,通常要检验序列的平稳性。ADF检验(Augmented Dickey-Fuller,扩充迪基-富勒检验)和PP检验(Phillips and Perron test,菲利浦斯-佩蓉检验)是实证分析中最为常用的单位根检验方法,它们从不同角度消除了可能存在的自相关问题,基于靳庭良的研究结果本节采用ADF单位根检验方法。本节选用ADF检验对所选指标的水平值、一阶差分序列、二阶差分序列进行检验,为消除序列中存在的异方差,对各数据序列分别取自然对数作单整分析,具体的ADF检验结果如表3-6所示。

表 3-6 单整检验 ADF 结果

变量	ADF 值	临界值	P 值	结论
Log（GDP 长三角区域）	-3.104	-2.842*	0.0721	I（0）
Log（GDP 上海）	-2.802	-2.748*	0.0922	I（0）
Log（GDP 杭州）	-4.037	-3.403**	0.0236	I（2）
Log（GDP 南京）	-4.383	-3.321**	0.0128	I（1）
Log（GDP 宁波）	-2.820	-2.801*	0.0974	I（0）
Log（GDP 无锡）	1.897	-1.598*	0.0602	I（0）
Log（GDP 常州）	-4.321	-4.247**	0.0469	I（1）
Log（GDP 南通）	-3.121	-2.771*	0.0608	I（1）
Log（GDP 台州）	-4.661	-4.583***	0.0091	I（1）
Log（GDP 舟山）	-3.762	-3.403**	0.0326	I（2）
Log（Passenger 长三角所有机场）	-3.651	-3.260**	0.0288	I（0）
Log（Passenger 上海机场）	-13.969	-6.292***	0.0001	I（0）
Log（Passenger 杭州机场）	-7.227	-4.421	0.0004	I（0）
Log（Passenger 南京机场）	-3.874	-3.260**	0.0211	I（0）
Log（Passenger 宁波机场）	-6.769	-5.522**	0.003	I（0）
Log（Passenger 无锡机场）	-3.316	-3.007***	0.0062	I（1）
Log（Passenger 常州机场）	-4.985	-4.450**	0.0315	I（1）
Log（Passenger 南通机场）	-4.673	-4.008**	0.0215	I（0）
Log（Passenger 台州机场）	-3.232	-2.801*	0.0562	I（2）
Log（Passenger 舟山机场）	-5.463	-4.108**	0.0107	I（0）
Log（Cargo 长三角所有机场）	-4.127	-3.213**	0.0128	I（0）
Log（Cargo 上海机场）	-4.126	-3.213**	0.0128	I（0）
Log（Cargo 杭州机场）	-5.194	-4.108**	0.0144	I（0）
Log（Cargo 南京机场）	-7.147	-4.297***	0.0003	I（0）
Log（Cargo 宁波机场）	-42.269	-6.292***	0.0001	I（0）
Log（Cargo 无锡机场）	-3.010	-2.771*	0.0712	I（1）
Log（Cargo 常州机场）	-58.630	-5.120***	0.0001	I（1）
Log（Cargo 南通机场）	-2.888	-2.841*	0.0943	I（2）
Log（Cargo 台州机场）	-2.015	-1.996**	0.0483	I（2）
Log（Cargo 舟山机场）	-4.345	-3.403**	0.0166	I（0）

注：*** 表示在1%水平下显著，** 表示在5%水平下显著，* 表示在10%水平下显著，I（k）表示序列为k阶单整序列。

3. 协整检验

协整检验用于验证变量间是否存在长期均衡关系,如存在则可以进行格兰杰因果关系检验。虽然有一些经济变量本身是非平稳序列,但它们的线性组合可能是平稳序列,这个平稳序列就可以用来描述变量之间的均衡关系。当且仅当多个非平稳变量间具有协整性时,由这些变量建立的模型才有意义。

协整检验通常要求各序列为同阶单整序列,但是在解释变量比较多的情况下这样的条件难以满足。因此,如果解释变量不止一个,被解释变量的单整阶数则不能高于任何一个解释变量的单整阶数,或者当解释变量的单整阶数高于被解释变量的单整阶数时,必须至少有两个解释变量的单整阶数高于被解释变量的单整阶数。单整检验结果(见表3-6)表明,除南通由于变量间不符合单整规则,其余变量可以进行协整检验,具体结果如表3-7所示。其中lgcsj、lgcz、lghz、lgnb、lgnj、lgnt、lgsh、lgtz、lgwx、lgzs 分别表示长三角、常州、杭州、宁波、南京、南通、上海、台州、无锡、舟山 GDP 的对数值,lpcsj 等表示上述各地区机场旅客吞吐量的对数值,lccsj 等表示上述各地区机场货邮吞吐量的对数值。

表 3-7 协整方程估计结果

因变量	自变量	协整方程	残差平稳性 ADF 检验	
			t 统计量	平稳性
GDP 长三角	Passenger 长三角所有机场,Cargo 长三角所有机场	lgcsj=−10.355−0.774lccsj+1.798lpcsj	−3.893(0.0206)	平稳
GDP 长三角	Passenger 上海机场,Cargo 上海机场	lgcsj=−12.385−0.581lcsh+1.785lpsh	−5.608(0.0001)	平稳
GDP 长三角	Passenger 杭州机场,Cargo 杭州机场	lgcsj=−2.569+1.128lchz−0.031lphz	−2.260(0.0302)	平稳
GDP 长三角	Passenger 南京机场,Cargo 南京机场	lgcsj=−4.482−0.215lcnj+1.119lpnj	−2.229(0.0320)	平稳
GDP 长三角	Passenger 宁波机场,Cargo 宁波机场	lgcsj=−2.828+0.826lcnb+0.320lpnb	−2.366(0.0246)	平稳
GDP 长三角	Passenger 无锡机场,Cargo 无锡机场	lgcsj=5.148+0.381lcwx+0.120lpwx	−1.741(0.0777)	平稳

续表

因变量	自变量	协整方程	残差平稳性ADF检验	
			t统计量	平稳性
GDP 长三角	Passenger 常州机场, Cargo 常州机场	lgcsj=1.839+0.717lccz+0.208lpcz	−2.513 (0.0187)	平稳
GDP 长三角	Passenger 台州机场, Cargo 台州机场	lgcsj=0.470+0.375lctz+0.565lptz	−2.100 (0.0406)	平稳
GDP 长三角	Passenger 舟山机场, Cargo 舟山机场	lgcsj=2.350−0.562lczs+0.930lpzs	−1.256 (0.1786)	不平稳
GDP 上海	Passenger 长三角所有机场, Cargo 长三角所有机场	lgsh=−7.600+0.004lccsj+0.936lpcsj	−2.886 (0.0087)	平稳
GDP 上海	Passenger 上海机场, Cargo 上海机场	lgsh=−8.793+0.108lcsh+0.937lpsh	−2.463 (0.0199)	平稳
GDP 杭州	Passenger 长三角所有机场, Cargo 长三角所有机场	lghz=−11.429−0.213lccsj+1.265lpcsj	−3.320 (0.0038)	平稳
GDP 杭州	Passenger 杭州机场, Cargo 杭州机场	lghz=−5.145+0.566lchz+0.406lphz	−2.856 (0.0098)	平稳
GDP 南京	Passenger 长三角所有机场, Cargo 长三角所有机场	lgnj=−14.018−0.285lccsj+1.457lpcsj	−3.216 (0.0051)	平稳
GDP 南京	Passenger 南京机场, Cargo 南京机场	lgnj=−7.567+0.129lcnj+0.892lpnj	−1.644 (0.0925)	平稳
GDP 宁波	Passenger 长三角所有机场, Cargo 长三角所有机场	lgnb=−11.847−0.251lccsj+1.310lpcsj	−3.119 (0.0056)	平稳
GDP 宁波	Passenger 宁波机场, Cargo 宁波机场	lgnb=−4.585+1.004lcnb+0.142lpnb	−3.284 (0.0045)	平稳
GDP 无锡	Passenger 长三角所有机场, Cargo 长三角所有机场	lgwx=−13.147−0.144lccsj+1.3lpcsj	−3.996 (0.0011)	平稳
GDP 无锡	Passenger 无锡机场, Cargo 无锡机场	lgwx=1.480+0.176lcwx+0.358lpwx	−2.681 (0.0136)	平稳
GDP 常州	Passenger 长三角所有机场, Cargo 长三角所有机场	lgcz=−14.997−0.370lccsj+1.550lpcsj	−3.340 (0.0037)	平稳
GDP 常州	Passenger 常州机场, Cargo 常州机场	lgcz=−2.310−0.637lccz+0.340lpcz	−3.958 (0.0014)	平稳
GDP 南通	Passenger 长三角所有机场, Cargo 长三角所有机场	lgnt=−15.113−0.494lccsj+1.665lpcsj	−3.289 (0.0041)	平稳

续表

因变量	自变量	协整方程	残差平稳性 ADF 检验	
			t 统计量	平稳性
GDP 台州	Passenger 长三角所有机场，Cargo 长三角所有机场	lgtz=-9.186-0.188lccsj+1.074lpcsj	-3.454（0.0033）	平稳
GDP 台州	Passenger 台州机场，Cargo 台州机场	lgtz=-1.150+0.201lctz+0.549lptz	-1.626（0.0957）	平稳
GDP 舟山	Passenger 长三角所有机场，Cargo 长三角所有机场	lgzs=-18.231-0.181lccsj+1.486lpcsj	-3.527（0.0026）	平稳
GDP 舟山	Passenger 舟山机场，Cargo 舟山机场	lgzs=-1.906-0.710lczs+0.971lpzs	-2.453（0.0202）	平稳

注：括号内为伴随概率。

由表3-6和表3-7可知，除南通由于变量间不符合单整规则以及长三角GDP与舟山客货运量的残差没有通过显著性外，其他模型的残差检验均通过了ADF检验，说明各地区经济发展与机场客货流量的线性组合为平稳序列，存在长期稳定的均衡关系，因此，接下来可以用格兰杰因果关系检验。

4. 格兰杰因果关系检验及分析

由协整检验结果可知，对于各个地区，其GDP与当地机场货邮吞吐量、旅客吞吐量间存在长期均衡关系，长三角区域GDP与各地区机场货邮吞吐量、旅客吞吐量间存在长期均衡关系，各地区GDP与长三角地区总货邮吞吐量、总旅客吞吐量间也存在长期均衡关系。但这种关系是否构成因果关系以及因果关系的方向如何，还需进行进一步的分析。各地区变量间因果关系检验如表3-8所示。

表3-8 格兰杰因果关系检验结果

变量	原假设	F 统计量	P 值	10% 水平（拒绝/接受）
长三角所有机场客货运量/GDP 长三角	长三角所有机场客运量不是区域经济增长的格兰杰因果关系检验原因	0.682 41	0.5559	接受
	长三角区域经济增长不是区域所有机场客运量的格兰杰因果关系检验原因	6.015 65	0.0623	拒绝

续表

变　量	原假设	F统计量	P值	10%水平（拒绝/接受）
长三角所有机场客货运量/GDP 长三角	长三角所有机场货运量不是区域经济增长的格兰杰因果关系检验原因	6.398 51	0.0567	拒绝
	长三角区域经济增长不是区域所有机场货运量的格兰杰因果关系检验原因	1.463 35	0.3335	接受
上海机场客货运量/GDP 长三角	上海机场客运量不是区域经济增长的格兰杰因果关系检验原因	1.298 05	0.3677	接受
	长三角区域经济增长不是上海机场客运量的格兰杰因果关系检验原因	5.697 30	0.0675	拒绝
	上海机场货运量不是区域经济增长的格兰杰因果关系检验原因	6.425 96	0.0563	拒绝
	长三角区域经济增长不是上海机场货运量的格兰杰因果关系检验原因	1.530 08	0.3210	接受
杭州机场客货运量/GDP 长三角	杭州机场客运量不是区域经济增长的格兰杰因果关系检验原因	0.229 16	0.8050	接受
	长三角区域经济增长不是杭州机场客运量的格兰杰因果关系检验原因	0.789 95	0.5139	接受
	杭州机场货运量不是区域经济增长的格兰杰因果关系检验原因	0.919 58	0.4693	接受
	长三角区域经济增长不是杭州机场货运量的格兰杰因果关系检验原因	6.165 32	0.0600	拒绝
南京机场客货运量/GDP 长三角	南京机场客运量不是区域经济增长的格兰杰因果关系检验原因	0.366 45	0.7143	接受
	长三角区域经济增长不是南京机场客运量的格兰杰因果关系检验原因	0.934 10	0.4646	拒绝
	南京机场货运量不是区域经济增长的格兰杰因果关系检验原因	1.818 49	0.2743	接受
	长三角区域经济增长不是南京机场货运量的格兰杰因果关系检验原因	4.536 69	0.0936	拒绝
宁波机场客货运量/GDP 长三角	宁波机场客运量不是区域经济增长的格兰杰因果关系检验原因	0.023 23	0.9772	接受
	长三角区域经济增长不是宁波机场客运量的格兰杰因果关系检验原因	10.8698	0.0242	拒绝

续表

变量	原假设	F 统计量	P 值	10% 水平（拒绝/接受）
宁波机场客货运量/GDP 长三角	宁波机场货运量不是区域经济增长的格兰杰因果关系检验原因	0.857 71	0.4898	接受
	长三角区域经济增长不是宁波机场货运量的格兰杰因果关系检验原因	3.037 75	0.1576	接受
无锡机场客货运量/GDP 长三角	无锡机场客运量不是区域经济增长的格兰杰因果关系检验原因	0.067 17	0.9361	接受
	长三角区域经济增长不是无锡机场客运量的格兰杰因果关系检验原因	1.290 68	0.3694	接受
	无锡机场货运量不是区域经济增长的格兰杰因果关系检验原因	0.762 22	0.5243	接受
	长三角区域经济增长不是无锡机场货运量的格兰杰因果关系检验原因	1.002 50	0.4437	接受
常州机场客货运量/GDP 长三角	常州机场客运量不是区域经济增长的格兰杰因果关系检验原因	2.439 07	0.2030	接受
	长三角区域经济增长不是常州机场客运量的格兰杰因果关系检验原因	4.014 41	0.1106	接受
	常州机场货运量不是区域经济增长的格兰杰因果关系检验原因	0.198 36	0.6695	接受
	长三角区域经济增长不是常州机场货运量的格兰杰因果关系检验原因	4.532 12	0.0708	拒绝
南通机场客货运量/GDP 长三角	南通机场客运量不是区域经济增长的格兰杰因果关系检验原因	1.058 51	0.4276	接受
	长三角区域经济增长不是南通机场客运量的格兰杰因果关系检验原因	19.9597	0.0083	拒绝
	南通机场货运量不是区域经济增长的格兰杰因果关系检验原因	23.7954	0.0060	拒绝
	长三角区域经济增长不是南通机场货运量的格兰杰因果关系检验原因	0.406 82	0.6905	接受
台州机场客货运量/GDP 长三角	台州机场客运量不是区域经济增长的格兰杰因果关系检验原因	1.044 99	0.4314	接受
	长三角区域经济增长不是台州机场客运量的格兰杰因果关系检验原因	6.217 43	0.0592	拒绝

续表

变量	原假设	F 统计量	P 值	10% 水平（拒绝/接受）
台州机场客货运量/GDP 长三角	台州机场货运量不是区域经济增长的格兰杰因果关系检验原因	0.513 41	0.6332	接受
	长三角区域经济增长不是台州机场货运量的格兰杰因果关系检验原因	13.6537	0.0163	拒绝
舟山机场客货运量/GDP 长三角	舟山机场客运量不是区域经济增长的格兰杰因果关系检验原因	0.926 51	0.4670	接受
	长三角区域经济增长不是舟山机场客运量的格兰杰因果关系检验原因	4.435 21	0.0966	拒绝
	舟山机场货运量不是区域经济增长的格兰杰因果关系检验原因	0.563 40	0.6087	接受
	长三角区域经济增长不是舟山机场货运量的格兰杰因果关系检验原因	0.032 88	0.9679	接受
上海机场客货运量/GDP 上海	上海机场客运量不是上海经济增长的格兰杰因果关系检验原因	0.114 75	0.8944	接受
	上海经济增长不是上海机场客运量的格兰杰因果关系检验原因	11.3340	0.0225	拒绝
	上海机场货运量不是上海经济增长的格兰杰因果关系检验原因	0.686 64	0.5543	接受
	上海经济增长不是上海机场货运量的格兰杰因果关系检验原因	1.773 58	0.2809	接受
长三角所有机场客货运量/GDP 上海	长三角机场客运量不是上海经济增长的格兰杰因果关系检验原因	0.274 36	0.7733	接受
	上海经济增长不是长三角机场客运量的格兰杰因果关系检验原因	15.6297	0.0129	拒绝
	长三角机场货运量不是上海经济增长的格兰杰因果关系检验原因	0.480 09	0.6503	接受
	上海经济增长不是长三角机场货运量的格兰杰因果关系检验原因	1.814 39	0.2749	接受
杭州机场客货运量/GDP 杭州	杭州机场客运量不是杭州经济增长的格兰杰因果关系检验原因	0.183 37	0.8391	接受
	杭州经济增长不是杭州机场客运量的格兰杰因果关系检验原因	3.094 81	0.1541	接受

续表

变　量	原假设	F 统计量	P 值	10% 水平（拒绝/接受）
杭州机场客货运量/GDP 杭州	杭州机场货运量不是杭州经济增长的格兰杰因果关系检验原因	0.265 11	0.7796	接受
	杭州经济增长不是杭州机场货运量的格兰杰因果关系检验原因	7.995 04	0.0400	拒绝
长三角所有机场客货运量/GDP 杭州	长三角机场客运量不是杭州经济增长的格兰杰因果关系检验原因	0.576 10	0.6027	接受
	杭州经济增长不是长三角机场客运量的格兰杰因果关系检验原因	9.548 63	0.0300	拒绝
	长三角机场货运量不是杭州经济增长的格兰杰因果关系检验原因	0.964 64	0.4551	接受
	杭州经济增长不是长三角机场货运量的格兰杰因果关系检验原因	9.974 28	0.0279	拒绝
南京机场客货运量/GDP 南京	南京机场客运量不是南京经济增长的格兰杰因果关系检验原因	1.940 39	0.2576	接受
	南京经济增长不是南京机场客运量的格兰杰因果关系检验原因	0.981 13	0.4501	接受
	南京机场货运量不是南京经济增长的格兰杰因果关系检验原因	8.476 83	0.0364	拒绝
	南京经济增长不是南京机场货运量的格兰杰因果关系检验原因	4.321 48	0.1001	接受
长三角所有机场客货运量/GDP 南京	长三角机场客运量不是南京经济增长的格兰杰因果关系检验原因	0.343 40	0.7284	接受
	南京经济增长不是长三角机场客运量的格兰杰因果关系检验原因	13.5413	0.0166	拒绝
	长三角机场货运量不是南京经济增长的格兰杰因果关系检验原因	8.839 54	0.0340	拒绝
	南京经济增长不是长三角机场货运量的格兰杰因果关系检验原因	2.737 39	0.1782	接受
宁波机场客货运量/GDP 宁波	宁波机场客运量不是宁波经济增长的格兰杰因果关系检验原因	0.454 96	0.6637	接受
	宁波经济增长不是宁波机场客运量的格兰杰因果关系检验原因	7.003 99	0.0493	拒绝

续表

变　量	原假设	F 统计量	P 值	10% 水平（拒绝/接受）
宁波机场客货运量/GDP 宁波	宁波机场货运量不是宁波经济增长的格兰杰因果关系检验原因	0.449 35	0.6667	接受
	宁波经济增长不是宁波机场货运量的格兰杰因果关系检验原因	12.8027	0.0183	拒绝
长三角所有机场客货运量/GDP 宁波	长三角机场客运量不是宁波经济增长的格兰杰因果关系检验原因	0.050 75	0.9511	接受
	宁波经济增长不是长三角机场客运量的格兰杰因果关系检验原因	7.550 35	0.0439	拒绝
	长三角机场货运量不是宁波经济增长的格兰杰因果关系检验原因	1.896 30	0.2635	接受
	宁波经济增长不是长三角机场货运量的格兰杰因果关系检验原因	2.181 06	0.2288	接受
无锡机场客货运量/GDP 无锡	无锡机场客运量不是无锡经济增长的格兰杰因果关系检验原因	0.286 34	0.7652	接受
	无锡经济增长不是无锡机场客运量的格兰杰因果关系检验原因	0.969 55	0.4536	接受
	无锡机场货运量不是无锡经济增长的格兰杰因果关系检验原因	0.293 46	0.6048	接受
	无锡经济增长不是无锡机场货运量的格兰杰因果关系检验原因	6.7249	0.0358	拒绝
长三角所有机场客货运量/GDP 无锡	长三角机场客运量不是无锡经济增长的格兰杰因果关系检验原因	1.804 52	0.2764	接受
	无锡经济增长不是长三角机场客运量的格兰杰因果关系检验原因	6.933 03	0.0501	拒绝
	长三角机场货运量不是无锡经济增长的格兰杰因果关系检验原因	6.545 90	0.0376	拒绝
	无锡经济增长不是长三角机场货运量的格兰杰因果关系检验原因	0.038 18	0.8506	接受
常州机场客货运量/GDP 常州	常州机场客运量不是常州经济增长的格兰杰因果关系检验原因	0.364 30	0.5652	接受
	常州经济增长不是常州机场客运量的格兰杰因果关系检验原因	1.705 07	0.2329	接受

续表

变 量	原假设	F 统计量	P 值	10% 水平（拒绝/接受）
常州机场客货运量/GDP 常州	常州机场货运量不是常州经济增长的格兰杰因果关系检验原因	0.349 71	0.7245	接受
	常州经济增长不是常州机场货运量的格兰杰因果关系检验原因	8.319 52	0.0376	拒绝
长三角所有机场客货运量/GDP 常州	长三角机场客运量不是常州经济增长的格兰杰因果关系检验原因	0.494 87	0.6426	接受
	常州经济增长不是长三角机场客运量的格兰杰因果关系检验原因	8.706 52	0.0349	拒绝
	长三角机场货运量不是常州经济增长的格兰杰因果关系检验原因	2.670 23	0.1834	接受
	常州经济增长不是长三角机场货运量的格兰杰因果关系检验原因	1.592 95	0.3099	接受
长三角所有机场客货运量/GDP 南通	长三角机场客运量不是南通经济增长的格兰杰因果关系检验原因	6.584 68	0.0543	拒绝
	南通经济增长不是长三角机场客运量的格兰杰因果关系检验原因	7.546 89	0.0439	拒绝
	长三角机场货运量不是南通经济增长的格兰杰因果关系检验原因	8.537 22	0.0360	拒绝
	南通经济增长不是长三角机场货运量的格兰杰因果关系检验原因	2.393 74	0.2072	接受
台州机场客货运量/GDP 台州	台州机场客运量不是台州经济增长的格兰杰因果关系检验原因	130.956	0.0641	拒绝
	台州经济增长不是台州机场客运量的格兰杰因果关系检验原因	0.328 72	0.8205	接受
	台州机场货运量不是台州经济增长的格兰杰因果关系检验原因	0.039 25	0.8486	接受
	台州经济增长不是台州机场货运量的格兰杰因果关系检验原因	4.106 15	0.0824	拒绝
长三角所有机场客货运量/GDP 台州	长三角机场客运量不是台州经济增长的格兰杰因果关系检验原因	4.638 21	0.0682	拒绝
	台州经济增长不是长三角机场客运量的格兰杰因果关系检验原因	0.134 11	0.7250	接受

续表

变量	原假设	F 统计量	P 值	10% 水平（拒绝/接受）
长三角所有机场客货运量/GDP 台州	长三角机场货运量不是台州经济增长的格兰杰因果关系检验原因	5.680 26	0.0486	拒绝
	台州经济增长不是长三角机场货运量的格兰杰因果关系检验原因	0.063 93	0.8077	接受
舟山机场客货运量/GDP 舟山	舟山机场客运量不是舟山经济增长的格兰杰因果关系检验原因	0.526 44	0.4916	接受
	舟山经济增长不是舟山机场客运量的格兰杰因果关系检验原因	4.454 31	0.0727	拒绝
	舟山机场货运量不是舟山经济增长的格兰杰因果关系检验原因	0.682 11	0.5560	接受
	舟山经济增长不是舟山机场货运量的格兰杰因果关系检验原因	1.442 21	0.3376	接受
长三角所有机场客货运量/GDP 舟山	长三角机场客运量不是舟山经济增长的格兰杰因果关系检验原因	6.585 79	0.0543	拒绝
	舟山经济增长不是长三角机场客运量的格兰杰因果关系检验原因	5.044 69	0.0806	拒绝
	长三角机场货运量不是舟山经济增长的格兰杰因果关系检验原因	2.660 98	0.1841	接受
	舟山经济增长不是长三角机场货运量的格兰杰因果关系检验原因	5.604 77	0.0692	拒绝

格兰杰因果关系检验表明，长三角机场客货运量及各地区机场客货运量与区域经济及地区经济增长有着较为密切的联系。经济增长对机场业务有显著的带动作用，同时，机场业务量的增加也拉动了各地区经济增长。这也验证了机场发展与区域经济增长的相互关系。具体而言，长三角区域经济增长促进了长三角机场群以及各地区机场的建设，各地区经济增长也促进了区域机场群和各地区机场的建设，同时，区域机场群也拉动了各地区经济的增长。相对而言，在促进经济增长方面机场群比单个机场更具优越性。

第二节 长三角地区航空客运市场特征分析

得益于都市圈的发展和便利的地面交通，大都市圈内各机场的辐射域相互渗透，没有明显界限，同一都市圈内的机场之间必然存在激烈竞争。通常机场服务的合理半径是150~250公里，以250公里为依据，当都市圈内两个机场的间距小于300公里时，其服务半径的交叉就成了共同市场。航空旅客会根据机场提供的服务（如开通航线条数、进驻航空公司数量、航班频率等）以及到机场的地面交通便利程度做相关的选择。表3-9列出以上海浦东机场为枢纽中心的机场群内各机场到上海浦东机场的距离，可以看出各机场地面相距较近，存在相互重叠的交叉市场。

表3-9 以上海浦东机场为枢纽中心的长三角区域机场群地面交通情况

枢纽机场		机场群内其他各机场	各机场到枢纽机场的距离（公里）
以上海浦东机场为枢纽中心的机场群	上海浦东	上海虹桥	53
		杭州萧山	168
		南京禄口	275
		宁波栎社	211
		苏南硕放	113
		常州奔牛	189
		南通兴东	127

目前研究航空客流分布问题的方法绝大多数采用离散模型，然而在实际应用中，离散模型的解算需要大量的数据，同时也无法对交通网络的空间因素影响加以考虑，通常假设每一个机场都具有明确固定的市场区域，每一个市场区域都是一个单一机场地区。得出的结果使得"不同的机场服务区重叠在一个共同区域让人感到不寻常，而在预测过程中考虑这种重叠市场区域更不寻常"。因此，结合长三角机场群的现状，传统方法的分析效率和分析效果都不尽如人意。

本书采用连续平衡模型的处理方法。其中，交通平衡分析模型借用经济学供需平衡理论，寻求不同环境下交通系统提供的服务和需求之间的平衡关系。当交通网络中的出行者不能通过改变路径而缩短其出行时间时，交通网络上的交通流就达到平衡状态。连续型交通模型将路网系统抽象为平面二维区域，假设交通网络属性的变化是微小的、逐步过渡的，因此属性函数可以用光滑的连续函数表示。同时，区域内交通需求连续分布产生，简化了参数要求，提高了计算效率，计算结果更为直观。因此，将它们组合成连续平衡模型，可应用于预测一个多机场区域内航空客流的分布情况，而且机场的市场区域无须预先界定，其范围及形状也因不同的条件而改变。

一、多机场区域交通系统基本假设

本书所研究的连续平衡模型基于 Wong 和 Yang（1999）的研究，在二维连续区域空间的基础上，以最小出行代价为约束条件，建立了确定型航空旅客空间平衡选择模型。模型引入了机场对旅客的引力函数，考虑了机场服务特性、旅客心理因素对机场吸引力的影响。

广布的区域空间被抽象为二维平面体系，标记为 Ω，区域边界标记为 Γ。在这样的区域内，存在 n 个机场被抽象表示为一个点，标记为 O_i, i=1, 2,$\cdots$, n。航空旅客的需求位置遍布整个地区，这些机场为了吸引他们而相互竞争，旅客从他们的需求位置经连续区到达并使用其中一个机场。

相关的假设条件如下：

1. 弹性交通需求函数

弹性交通需求函数指交通需求的产生量随出行代价的变化而变化，是确定交通出行量最为常用的函数之一。从连续区域 Ω 中的任意点 (x, y) 到任一机场 O_i 的交通需求函数可表示为：

$$q(x, y) = D[x, y, u(x, y)] \tag{3.2}$$

式中：$u(x, y)$ 为出行代价函数；$q(x, y)$ 为连续区域内每个单位面积的总需求。

2. 交通流

研究区域 Ω 中交通流量用向量 $f(x, y)$ 表示，记作 $f(x, y) = [f_x(x, y), f_y(x, y)]$。其中 $f_x(x, y)$ 和 $f_y(x, y)$ 分别是 x 和 y 方向的流量；向量的模表示该点交通流的密

度,表示为:

$$|f(x,y)|=\sqrt{f_x(x,y)^2+f_y(x,y)^2} \quad (3.3)$$

3. 地面运输代价函数

从位置(x,y)到任一机场 O_i,所需的地面运输代价假定取决于地方流量密度和道路网结构,而不是方向,现采用美国联邦公路局非线性路阻函数公式的变形公式:

$$c(x,y,f)=a(x,y)+b(x,y)|f(x,y)|^{\gamma(x,y)} \quad (3.4)$$

它作为连续区域内,旅客位于 $(x,y)\in\Omega$ 的地面运输代价;$a(x,y)$ 是向前移动一个单位距离的地面运输成本;$b(x,y)|f(x,y)|^{\gamma(x,y)}$ 表示拥挤程度。$\gamma(x,y)$ 表示运输代价相对于交通流密度的敏感程度。

1952年 Wardrop 提出用户平衡原理,在多机场区域综合交通体系中,可以表述为:从任意点 D 到机场 O_i 所有选用路径的路阻都是相等的,且小于其他没有被选用的路径的路阻。因此,旅客总是采用最佳路面线路,或选择最小地面运输代价 $[C(x,y),O_i]$ 的机场。假设路径 s 是 D 点到机场 O_i 的可选路径,则最小地面运输代价表示为:

$$C_s[D(x,y),O_i]=\min_s\int_s c(x,y,f)ds \quad (3.5)$$

同时,$C_s[D(x,y),O_i]\leq C_s-[D(x,y),O_i] \quad (3.6)$

4. 流量守恒原理

在研究区域 Ω 的范围内,流向量和航空旅客的需求必须满足流量守恒原理。这一等价条件的证明已有完整的论证。表示为:

$$\nabla f(x,y)+q(x,y)=0, \forall(x,y)\in\Omega \quad (3.7)$$

式中:$\nabla f(x,y)=\partial f/\partial x+\partial f/\partial y$ 为出行流量的梯度函数。为了简化讨论,我们假定没有流量越过研究区域范围,则有:

$$f=0, \forall(x,y)\in\Gamma \quad (3.8)$$

为了避免在机场 O_i 处出现奇异,假设 O_i 被半径很小的顺时针方向的圆形边界 Γ_{ci},i=1,2,…,n 所围绕。Ω_i 表示机场 i 的市场区域,则使用机场 i 的航空旅客数为:

$$Q_i=\iint_{\Omega_i}q(x,y)d\Omega, i=1,2,\cdots,n \quad (3.9)$$

根据流量守恒原理，得出 $\int_{\Gamma_{ci}} f \cdot nd\Gamma + Q_i = 0$，$i=1, 2, \cdots, n$ （3.10）

那么，机场 i 的市场份额为：$T_i = \dfrac{Q_i}{Q} = \dfrac{Q_i}{\sum_{i=1}^{n} Q_i}$，$i=1,2,\cdots,n$ （3.11）

二、机场引力函数

确定型的平衡模型通常假设出行者会选择对其吸引力最大的设施。基于旅客选择行为的研究表明，影响旅客对竞争机场的选择不仅仅基于地面运输代价，各机场服务特性的影响同样密不可分，如机场环境、安全因素、连续航班的可用性、航班服务的频率、飞机票价水平等。因此，设机场 i 属性效用函数为：

$$V(O_i) = \theta_0 + \theta_1 X_i^1 + \theta_2 X_i^2 + \cdots + \theta_k X_i^k, \ i=1,2,\cdots,n \quad (3.12)$$

式中：$\theta_0, \theta_1, \theta_2, \cdots, \theta_k$ 是待定参数，这些比重定量可以相对于地面运输代价进行设置；$X_i^1, X_i^2, \cdots, X_i^k$ 分别表示选择机场 i 的 k 种属性计量。

同时，突破传统机场选择研究的局限性，引入旅客心理因素。从社会心理学的角度来看，人们容易对经历过或熟悉的事物、事情产生亲切感和自信。因此，一旦有两条不同的路，同样能到达一样的目的地，通常人们愿意走以前走过的；相反，当个人在群体中，所要考虑的事情没有经历过，且较为复杂、情况不明、判断缺乏标准时，人容易从众。因此将旅客心理分为个体心理和从众心理。我们将其对机场引力的影响表述为：

$$P(O_i) = \lambda_1 + \lambda_2 \overline{P}_i + \lambda_3 P_i sign_i, \ i=1, 2, \cdots, n \quad (3.13)$$

式中：$\lambda_1, \lambda_2, \lambda_3$ 是模拟参数；

$\begin{cases} sign_i = 1, \text{if 旅客曾经使用过机场 i}; \\ sign_i = 0, \text{否则}。 \end{cases}$

$\overline{P}_i$ 为外界对机场 i 赋予的印象非否定变量，P_i 为旅客使用机场 i 后获得的印象非否定变量。

式 3.13 表示，当旅客第一次使用机场 i 时，在其他情况相同的条件下，$\overline{P}_i$ 值较高的机场与 $\overline{P}_i$ 较低的机场相比，$\overline{P}_i$ 值较高的机场更加吸引旅客；相反则流失旅客。当然，如果旅客使用机场 i 后获得了不好的经历，相对于其他那些没有体验的机场来说,则具有更低的吸引力。

本书采用综合出行代价的概念衡量使用机场对航空旅客的吸引力,其考虑了到达机场的地面运输代价、各个机场设施的属性特点以及旅客心理因素对出行行为的影响,其综合出行代价函数可表示如下:

$$U[D(x,y),O_i] = C[D(x,y),O_i] + V(O_i) + P(O_i) \tag{3.14}$$

三、平衡选择数学规划模型

假设具有相互竞争的机场位置和特性是确定的,满足流量守恒条件式 3.7 和式 3.8 以及基于选择行为约束条件的用户平衡条件式 3.6,则航空旅客空间平衡选择数学规划模型可以表示如下:

$$MinZ(f) = \sum_{i=1}^{n}(V_i + P_i)Q_i + \iint_{\Omega}\{a|f| + \frac{b}{\gamma+1}|f|^{\gamma+1}\}d\Omega \tag{3.15}$$

s.t.

$$\nabla f(x,y) + q(x,y) = 0, \forall (x,y) \in \Omega \tag{3.16}$$

$$f = 0, \forall (x,y) \in \Gamma \tag{3.17}$$

$$\int_{\Gamma_{ci}} f \cdot nd\Gamma + Q_i = 0, i = 1, 2, \cdots, n \tag{3.18}$$

模型 3.15 本身没有实际的物理意义,但是模型的一阶等价条件表示了用户平衡和流量守恒条件,这一等价条件的证明,已有完整的论证。

四、模型的有限元求解算法

有限元法可以将连续的求解区域离散为一组有限个数,且按照一定方式相互连接在一起的单元组合体。由于离散的单元体能够按照不同的连接方式进行组合,且单元体本身可以有不同的形状,因而可以模型化复杂的求解域。

首先,引入 Lagrange 乘子;则 Lagrange 函数为:

$$L = \sum_{i=1}^{n}[(V_i + P_i)Q_i + \sigma_n(\int_{\Gamma_{ci}} f \cdot nd\Gamma + Q_i)] + \iint_{\Omega}\{a|f| + \frac{b}{\gamma+1}|f|^{\gamma+1} + \lambda(\nabla f + q)\}d\Omega + \int_{\Gamma}\omega f d\Gamma \tag{3.19}$$

式中,σ_n,λ,ω 分别是式 3.17、式 3.15 和式 3.16 中的 Lagrange 乘子。

其次,将分析区域划分了三角形单元后,可以将式 3.18 的 Lagrange 函数改写成下面的修正 Lagrange 函数:

$$L = \sum_{i=1}^{e} \iint_{\Omega_i} \{a|f| + \frac{b}{\gamma+1}|f|^{\gamma+1} + \lambda(\nabla f + q)\} d\Omega + \sum_{i=1}^{e} \int_{\partial\Omega_i \cap \Gamma} \omega_\Gamma f d\Gamma +$$

$$\sum_{i=1}^{e} \int_{\partial\Omega_i \cap \Gamma_{ci}} \sigma_{\Gamma_{ci}} (V_i + P_i) d\Gamma - \sum_{i=1}^{e} \int_{\partial\Omega_i \cap \Gamma_{ci}} (V_i + P_i) f \cdot n d\Gamma$$

（3.20）

式中：e 为多机场连续区域划分成的有限元的单元数；Ω_i 为第 i 个有限单元的区域；$\partial\Omega_i$ 为第 i 个有限单元的边界；ω_Γ 与 $\sigma_{\Gamma_{ci}}$ 为 Γ 和 Γ_{ci} 上相应的 Lagrange 乘子。

最后，将 Lagrange 函数的驻点代入式 3.20 中即可获得式 3.15 求最小值问题的解算。

五、长三角机场群客运市场分析

本书只讨论区域内四个主要机场（上海浦东、虹桥、杭州萧山、南京禄口）的航空客流分布规律。

首先，长三角区域 Ω 内的航空旅客，将从分散的位置 $D(x, y)$ 选择区内 4 个机场中的一个（O_i, i=1, 2, 3, 4）。因为假设没有客流穿越区域边界，故长三角区域内机场服务总需求就是 4 个机场乘客吞吐量的总和。

其次，综合出行代价函数表示任一乘客所能认知的使用某一个长三角区域内机场（O_i）的全部费用，这项总费用包括地面运输代价、机场属性计量以及旅客获得的机场印象值，也需要进行估算。

1. 地面运输代价

上海市区和周边的道路网状况是有差异的，a 表示零流量条件下的交通费用，$b|f|^\gamma$ 表示因拥塞而增加的运输代价。在不拥塞的情况下，系数 a 取开往上海机场（浦东、虹桥）和周边机场（禄口、萧山）的公共交通车费的平均值（元/km）。而在拥塞的情况下，系数 b 通常相同。校准之后，采用的地面运输代价函数可显示为：

上海浦东：$c_1 = 0.433 + 1.178 \times 10^{-5}|f|$ （3.21）

上海虹桥：$c_2 = 0.454 + 1.178 \times 10^{-5}|f|$ （3.22）

杭州萧山：$c_3 = 0.588 + 1.178 \times 10^{-5}|f|$ （3.23）

南京禄口：$c_4 = 0.63 + 1.178 \times 10^{-5}|f|$ （3.24）

2. 机场属性计量

我们以机票价格、航班频率（每天航班数）作为主要机场服务属性，从而比较4个机场的机场属性差异。

为了真实反映4个机场的机票价格，我们采集同一出行时间飞往国内共同目的地的机票价格。国内的11个共同飞行目的地为北京、长沙、成都、福州、广州、桂林、青岛、三亚、深圳、厦门和重庆。表3-10列出各机场属性计量的机票价格和日航班频率的差异。

表3-10 各机场机票价格和日航班频率差异

目的地	上海浦东（O_1）		上海虹桥（O_2）		杭州萧山（O_3）		南京禄口（O_4）	
	票价（元）	频率（次/日）	票价（元）	频率（次/日）	票价（元）	频率（次/日）	票价（元）	频率（次/日）
北京	1130	14	1130	81	1150	28	1010	23
长沙	890	3	890	12	800	8	840	11
成都	1610	27	1610	31	1600	9	1540	11
福州	780	4	780	14	740	7	750	6
广州	1280	5	1280	30	1050	21	1180	12
桂林	1300	6	1300	7	1210	5	1110	8
青岛	740	7	740	27	900	8	780	7
三亚	1890	8	1890	9	1750	5	1830	3
深圳	1400	13	1400	49	1260	14	1380	10
厦门	960	2	960	21	900	14	980	13
重庆	1490	29	1490	27	1360	8	1280	11

数据来源：http://www.feeyo.com/flightsearch.htm.

所以，各机场属性效用函数可表示为：

上海浦东：$V(O_1) = 1\,083\,174.8 - 290.24 X_1^1 + 43.72 X_2^1$ （3.25）

上海虹桥：$V(O_2) = -43\,691.68 - 51.09 X_1^2 + 98.35 X_2^2$ （3.26）

杭州萧山：$V(O_3) = -677\,508.7 + 694.72 X_1^3 + 106.11 X_2^3$ （3.27）

南京禄口：$V(O_4) = -344\,026.2 + 208.63 X_1^4 + 156.08 X_2^4$ （3.28）

3. 旅客心理

这一数据的获取，需要从调查数据中收集（见附录3）。我们分别针对在上海浦东国际机场、上海虹桥国际机场、杭州萧山国际机场和南京禄口国际机场离港的旅客作了抽样问卷调查。问卷内容涉及旅客出行信息、机场服务质量等客观问题，其中要求被访者根据自己对使用过的机场实际情况进行评价，对没有使用过的机场作印象评价。由统计数据分析得出各机场（浦东、虹桥、萧山、禄口）对旅客的引力权重依次为（0.42，0.32，0.16，0.1）。

上述这些计量分析将被代入综合代价函数进行市场份额分析。表3-11显示了市场份额分析的结果，列出了4个机场2007年市场份额预测值与2007年实际的机场吞吐量。

表3-11　各机场国内旅客分布及市场份额

机场	预计需求量（人）	预计市场份额（%）	2007年实际需求量（人）	2007年实际市场份额（%）
上海浦东	12 944 073	25.1	13 164 498	25.5
上海虹桥	21 659 404	42	21 320 906	41.3
杭州萧山	9 334 172	18.1	9 304 542	18
南京禄口	7 632 361	14.8	7 780 064	15.1

分析结果发现，模型结果与实际情况非常一致，验证了连续法在模拟多机场地区的航空旅客客流分布方面的有效性。由于本书主要讨论国内航线，因此旅客客流主要集中在虹桥机场，同时显示出，在多机场区域内，旅客客流主要聚集于枢纽机场或主要机场，会导致各机场出现业务量高低不均的现象，从而呈现出"马太效应"。

最后，本章研究结果为机场管理者，特别是对都市圈内多机场的协调管理提供了重要的参考依据。针对长三角多机场区域，提出以下几点建议：

第一，建立超越行政隶属关系的跨区域机场联盟。长三角各机场一定要站在区域一盘棋的高度，打破行政隶属的分割和阻隔，加强各机场之间的沟通协调，减小枢纽机场与周边中小机场之间的贫富差距现象。

第二，加强与机场配套的地面交通建设。研究表明，到达机场的地面交通水平是影响旅客选择机场行为的重要因素。因此，应大力发展地面交通，优化综合交通枢纽之间的协调，提高机场的吸引力，促使旅客回流。

第三，优化航线网络，提高服务质量和运行效率，积极宣传，提高机场知名度。心理因素的影响往往隐蔽、不易被发觉，研究显示，旅客倾向于再次使用之前有良好使用经历的机场。因此，一方面，中小机场可以结合地方产业特色设计航线网络，避免航线网络同质化，明确机场定位，突出服务特点，通过品牌宣传推广，改变旅客的选择行为习惯，吸引足够的新旅客，进而形成机场规模效应，进入良性循环；另一方面，枢纽机场应提高运行效率，与周边机场协调合作，缓解旅客滞留、航班延误等压力。

第三节　长三角地区航空客运量影响因素分析

通过上文分析可以发现，长三角地区航空运输业发展强劲的同时，也出现了航空旅客分布聚集化、航空公司航线结构同质化等不容乐观的现象。以此为切入点，科学合理地分析影响长三角地区航空客运量的因素，有利于：①航空公司有针对性地进行运营策略的制定，合理进行航班规划，使得在满足长三角地区居民航空运输需求的同时，降低运营成本，避免资源浪费；②科学预测长三角地区各主要机场的运量，合理投入资金进行基础设施的建设，同时协调长三角地区的机场资源，缓解机场的运营压力；③促进长三角地区航空运输业的可持续发展，推动长三角地区一体化进程，促进区域协调平稳发展。

图3-3展示了长三角地区航空旅客运量影响因素分析流程。首先初选因素，其次采用相关性分析和逐步线性回归选取主要因素，最后采用格兰杰因果关系检验分析，层层递进不断深入得出长三角区域航空客运量影响因素、影响趋势和程度。

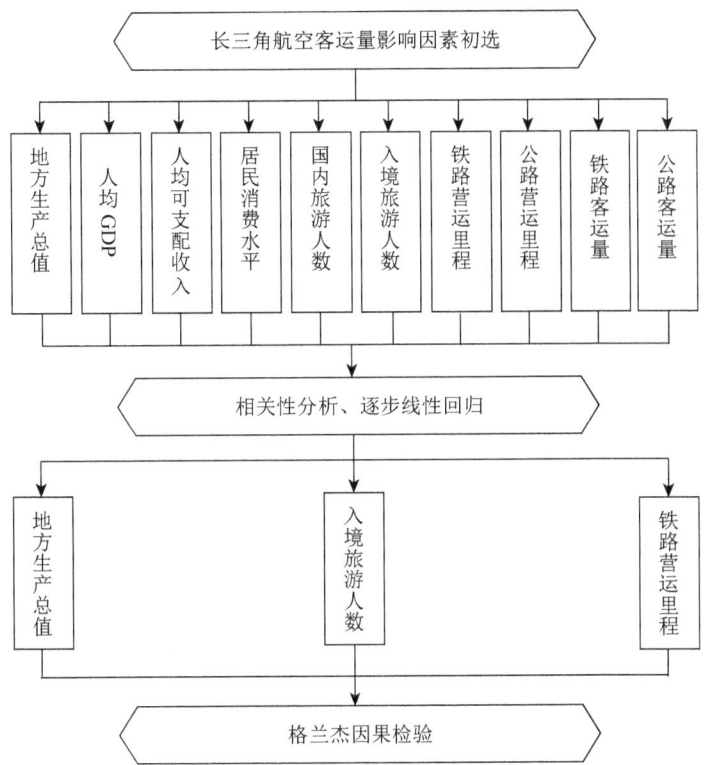

图 3-3　长三角地区航空旅客运量影响因素分析流程

一、长三角地区航空旅客运量影响因素的选取

1. 影响因素初选

目前长三角区域航空运输业蓬勃发展，航空旅客运量的变化受诸多因素的影响，根据影响因素选取的基本原则，结合长三角地区航空运输业的自身特点及社会经济发展情况，从地区经济水平、居民生活水平、旅游业情况及其他运输业发展水平四个方面，初选长三角地区航空客运量的影响因素，如图3-4所示。

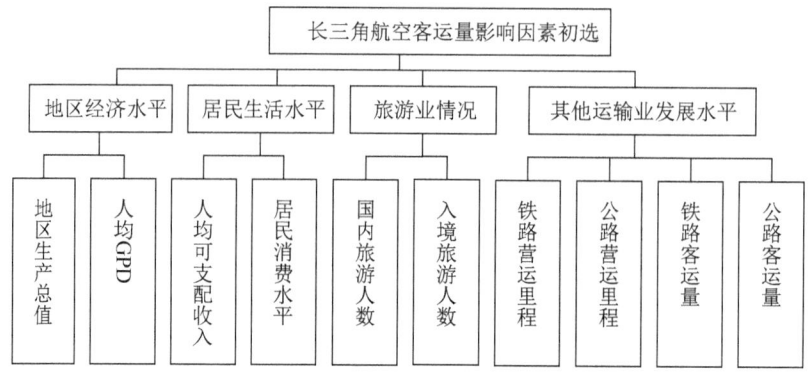

图 3-4　长三角地区航空客运量影响因素初选

2. 长三角地区航空旅客运量影响因素的确定

通过初选确定了影响长三角地区航空客运量的 10 个主要因素，分别为地区生产总值、人均 GDP、人均可支配收入、居民消费水平、国内旅游人数、入境旅游人数、铁路营运里程、公路营运里程、铁路客运量和公路客运量。为了避免因前期初选疏忽导致所选变量可能出现的偏差，采用逐步线性回归法对长三角地区航空旅客运量影响因素进行分析，剔除无效影响因素。选取 2005~2014 年长三角地区的基础数据。

（1）变量描述

各变量名称及符号界定如表 3-12 所示。

表 3-12　变量符号表

变量名称	变量符号
航空客运量（人）	y
地区生产总值（亿元）	x1
人均 GDP（元/人）	x2
人均可支配收入（元）	x3
居民消费水平（元）	x4
国内旅游人数（万人次）	x5
入境旅游人数（万人次）	x6
铁路营运里程（公里）	x7

续表

变量名称	变量符号
公路营运里程（公里）	x8
铁路客运量（万人）	x9
公路客运量（万人）	x10

（2）相关性分析

从表3-13相关性分析结果看，除了人均GDP（x2）和公路营运里程（x8）与航空客运量（y）在0.05和0.01置信区间下不存在显著相关关系以外，其他自变量与因变量都存在0.05和0.01置信区间下显著性相关关系。

表3-13　相关性分析

y	y	x1	x2	x3	x4	x5	x6	x7	x8	x9	x10
皮尔森相关性	1	0.320**	0.196	0.417*	0.710**	0.940**	0.951**	0.984**	0.027	0.944**	-.0778**
显著性（双侧）		0.085	0.299	0.022	0.000	0.000	0.000	0.000	0.887	0.000	0.000
N	30	30	19	30	14	30	24	10	14	19	19

注：** 代表相关性在0.01水平（双侧）具有显著性，* 代表相关性在0.05水平（双侧）具有显著性。

（3）逐步线性回归分析

采用逐步线性回归分析法找出影响航空客运量的主要因素，剔除无效因素。分析结果如表3-14和表3-15所示。首先，表3-14可以看到逐步回归分析中存在三个模型，每个模型的回归R方都在0.9以上，回归的效果非常显著。其中模型3的回归R方最大，为0.985，于是选取模型3为最优模型。其次，表3-15显示模型3中保留入境旅游人数（x6）、铁路里程（x7）、铁路客运量（x9）三个自变量，每个自变量系数的检验P值都小于0.05的置信水平，说明模型中自变量对y存在显著的影响。最后，从上述分析可知模型3显著性检验通过，为了进一步了解回归模型中是否存在异方差问题，于是对模型的残差进行正态性检验，所得正态概率图如图3-5所示。从图3-5可以看到残差的概率图基本同在一条直线上，说明模型的残差服从正态分布，说明回归模型中不存在异方差问题。

表 3-14 模型汇总表

Model	R	R Square	Adjusted R Square	Std. Error of the Estimate	Durbin-Watson
1	0.984[a]	0.967	0.966	2 382 569.148	
2	0.990[b]	0.981	0.980	1 852 366.181	
3	0.993[c]	0.987	0.985	18 570 649.970	2.221

a. Predictors：（Constant），x7

b. Predictors：（Constant），x7，x9

c. Predictors：（Constant），x7，x9，x6

d. Dependent Variable：y

表 3-15 模型系数表

Model		Unstandardized Coefficients		Standardized Coefficients	t	Sig.
		B	Std. Error	Beta		
1	（Constant）	−5 114 881.666	853 968.619		−5.99	0.000
	X7	101 992.163	3544.128	0.984	28.778	0.000
2	（Constant）	−6 605 757.266	745 543.454		−8.86	0.000
	X7	75 306.985	6666.716	0.726	11.296	0.000
	X9	1860.535	423.255	0.283	4.395	0.000
3	（Constant）	−5 776 983.319	677 547.641		−8.526	0.060
	X7	59 024.764	7409.401	0.569	7.966	0.000
	X9	1570.831	368.866	0.239	4.259	0.000
	X6	10 143.093	2984.010	0.212	3.399	0.002

a. Dependent Variable：y

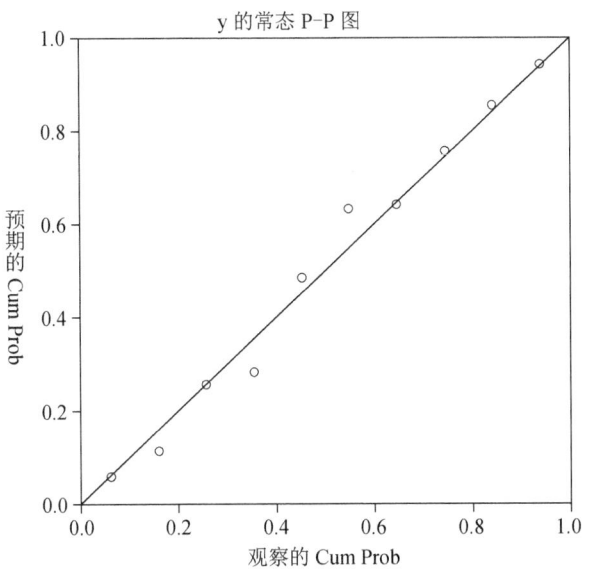

图 3-5　正态概率图

（4）航空客运量影响因素分析

综上所述，影响长三角区域航空客运量的因素分别是入境旅游人数、铁路里程和铁路客运量，说明长三角区域综合交通系统——空铁联运发展成熟，成为影响该区域航空旅客出行的主要因素。结合表 3-15 可得回归方程为：

$$y=5\,776\,983.319+10\,143.093*x6+59\,024.764*x7+1570.831*x9 \quad (3.29)$$

从式（3.29）中可以看到入境旅游人数（x6）、铁路营运里程（x7）和铁路客运量（x9）对航空客运量（y）都存在正影响，影响系数分别为 10 143.093、59 024.764 和 1570.831。这说明：每增加一单位的入境旅游人数（x6），可以使航空客运量（y）增加 10 143.093 单位；每增加一单位的铁路营运里程（x7），可以使航空客运量（y）增加 59 024.764 单位；每增加一单位的铁路客运量（x9），可以使航空客运量（y）增加 1570.831 单位，上述数据表明，长三角区域铁路运输与航空运输之间已经从争夺客源走向相互合作，共同刺激航空运量的增长，进一步验证了长三角区域依托高铁网络构建的"一小时都市圈"已经成为区域综合交通运输体系中的重要组成部分，形成空铁联运、共同发展的良好势态，为构建协调运行的长三角机场群奠定基础。

二、长三角地区航空旅客运量与影响因素格兰杰因果关系检验

相关性分析仅仅得出影响因素与航空旅客运量之间的相关性,但无法得出因素与航空旅客运量相互之间的因果关系,可采用格兰杰因果关系检验法分析它们之间的因果联系。

格兰杰因果检验第一步选用 ADF 单位根检验确定所研究的变量序列是否属于平稳序列;第二步采用协整检验确定所有变量的序列存在协整关系;在满足以上两个前提的情况下,第三步进行格兰杰因果性检验。前两步检验结果如表 3-16、表 3-17 和表 3-18 所示。

表 3-16 单位根检验结果

变量	t 检验值	P 值	检验结果
航空客运量(y)	−0.248 742	0.8979	y 存在单位根
入境旅游人数(x6)	−1.680 986	0.4072	x6 存在单位根
铁路营运里程(x7)	−0.541 442	0.8382	x7 存在单位根
铁路客运量(x9)	2.839 897	0.9998	x9 存在单位根

表 3-17 一阶差分单位根检验结果

D(变量)	t 检验值	P 值	检验结果
航空客运量(y)	−3.444 03	0.0425	D(y) 不存在单位根
入境旅游人数(x6)	−2.763 214	0.1053	D(x6) 存在单位根
铁路营运里程(x7)	−2.320 209	0.1876	D(x7) 存在单位根
铁路客运量(x9)	−1.425 538	0.5164	D(x9) 存在单位根

表 3-18 二阶差分单位根检验结果

D(变量,2)	t 检验值	P 值	检验结果
航空客运量(y)	−3.082 154	0.0809	D(y,2) 不存在单位根
入境旅游人数(x6)	−3.903 557	0.0276	D(x6,2) 不存在单位根
铁路营运里程(x7)	−3.405 346	0.0499	D(x7,2) 不存在单位根
铁路客运量(x9)	−4.489 948	0.0141	D(x9,2) 不存在单位根

表 3-16、表 3-17 和表 3-18 显示，变量在 0.1 的置信水平下达到二阶差分平稳（P 值 <0.1），说明存在同阶平稳，可进行格兰杰因果关系检验。格兰杰因果关系检验的结果如表 3.19 所示。

表 3-19　长三角航空客运量与各影响因素格兰杰因果关系检验结果

原假设	F 统计量	滞后期	P 值	10% 水平
入境旅游人数（x6）不是航空客运量（y）的格兰杰因果关系检验原因	4.003 61	2	0.1423	接受
航空客运量（y）不是入境旅游人数（x6）的格兰杰因果关系检验原因	0.666 77	2	0.5760	接受
铁路营运里程（x7）不是航空客运量（y）的格兰杰因果关系检验原因	2.765 05	2	0.2086	接受
航空客运量（y）不是铁路营运里程（x7）的格兰杰因果关系检验原因	2.096 89	2	0.2693	接受
铁路客运量（x9）不是航空客运量（y）的格兰杰因果关系检验原因	4.755 25	2	0.1174	接受
航空客运量（y）不是铁路客运量（x9）的格兰杰因果关系检验原因	8.352 09	2	0.0594	拒绝

由表 3-19 可以看出，在 0.1 的置信水平下，航空客运量是引起铁路客运量变化的格兰杰因果关系检验原因（0.0594<0.1），说明航空客运量（y）与铁路客运量（x9）存在单向影响；航空客运量与入境旅游人数（x6）和铁路运营里程（x7）之间不存在格兰杰因果关系。

三、长三角地区航空客运量影响因素结果分析

依照图 3-3 的分析流程最后得出以下结论：

（1）入境旅游人数、铁路营运里程和铁路客运量是影响长三角区域航空客运量的三个主要因素，即旅游业情况及铁路运输业发展是影响长三角地区航空客运量的两大方面。

（2）航空运输交通成为旅客出入境旅游出行选择的首选，对长三角地区航空客运量产生强劲的影响。上海作为中国的经济中心和门户之一，具有其特有的意义及地位，旅游业的发展会对长三角地区的航空客运量产生强劲的刺激。

（3）公路营运里程因素无法影响长三角地区航空客运量，反映出长三角区域综合交通体系中，公路交通方式不是旅客空地联运出行的交通方式；长三角地区航空客运量是带动区域铁路客运量人数变化的单向原因，反映出铁路运输与航空运输已打破竞争，形成合作关系，空铁联运成为旅客出行的选择。在我国经济发展不断加快，航空运输业不断发展完善的今天，建立空铁联运合作模式，不断改善长三角地区综合交通运输网络，以共同促进长三角地区综合交通运输业的发展。

本章小结

本章首先科学分析我国机场分布密集区域的经济与机场客货市场关联性，选用长三角地区各机场客货吞吐量、各地区及区域国内生产总值指标，运用单位根检验、协整关系检验、格兰杰因果关系检验方法，对区域经济、产业结构与航空运输市场的因果关联性进行了深入分析。结果表明，长三角机场客货运量及各地区机场客货运量与区域经济及地区经济增长有着较为密切的联系。具体而言，长三角区域经济增长促进了长三角机场群以及各地区机场的建设，各地区经济增长也促进了区域机场群和各地区机场的建设。同时，区域机场群也拉动了各地区经济的增长，相对而言，在促进经济增长方面机场群比单个机场更具优越性。

其次，本章分析了区域机场群系统内航空客流分布特征，引入旅客心理因素，分析了多机场区域内航空客流的分布规律。应用连续法并结合经济学中供需平衡理论，构造出基于最小出行代价的航空旅客空间连续平衡选择模型，并阐述了模型的求解算法。以长三角多机场区域为实际算例，说明了该模型用于分析大区域范围实际问题的有效性，研究结果为机场管理者提供了理论依据。可预见在不远的未来，该模型的应用将具有更高的理论及实践意义。

最后，科学预测长三角地区航空客运量，成为构建区域协调运行的机场群系统并促进区域民航协同发展的基础，以此为切入点研究长三角区域航空客运量影响因素。首先，从区域经济、居民生活水平、旅游业、其他交通运输发展水平四方面初选区域航空旅客运量的影响因素；其次，运用逐步线性回归从初选影响因素中剔除无效因素；最后，采用格兰杰因果关系检验法分析影响因素与航空客运量之间的因果关系。研究结果显示，入境旅游人数、铁路营运里程和铁路客运量是影响长三角区域航空客运量的主要因素；航空运输交通成为旅客出入境旅游出行的首选，特别是旅游业的发展会对长三角地区的航空客运量产生强劲的刺激。此外，长三角区域综合交通体系中，公路交通方式不是旅客空地联运出行的交通方式，铁路运输与航空运输已打破竞争，形成合作关系，空铁联运成为旅客出行的选择。研究结果为科学预测民航客运量奠定基础，最终达到合理分配长三角地区航空运输资源的目的。

第四章 长三角区域机场运营效率的评价

效率是评价资源配置水平与人类满足程度的指标,是经济机构的盈利能力、竞争能力和可持续发展能力的表现。随着交通运输和社会经济的发展,机场不仅仅是飞机起降和客货集散的运输设施,而且是一个集商务活动和社会文化功能于一体的经济实体。机场运营效率指机场投入各种要素(人、财、物)实现最大期望产出的能力,可从生产效率、财务效率和管理效率进行评价,是衡量机场投资效率和经济效益的一个重要方面,直接决定着机场的服务水平。科学地评价机场运营效率,及时发现制约机场运营效率的因素,对提升区域多机场环境中机场效益、增强竞争力、促进航空运输业可持续发展,具有重要意义。

长期以来,国内外学者对机场运营效率评价大多采用数据包络分析法(DEA),评价指标只涉及基础设施投入规模及期望产出(如客货吞吐量和机场收益)等几大硬性指标,通常是机场"规模大、运量多、起降忙",则机场运营效率高。事实上,随着航班量的不断增长,飞机有害排放物、噪声、机场污染物等副产品也随之增加,对环境造成越来越严重的影响;航班延误、行李损坏丢失、安检对旅客人身侵害等现象屡见不鲜,对机场产生不可低估的负面效应。据我国民航局统计数据显示,2017年机场投诉件有1412件,其中对航班延误时服务的投诉件有100件;机场有效投诉件有385件,其中对航班延误时服务的投诉件有16件;2013~2017年,航班不正常率略有波动,分别是27.66%、31.63%、31.67%、23.46%和28.33%;2011年起欧盟对所有民航运输业执行温室气体排放配额交易机制，企业须为超额部分缴纳每吨 40 欧元的罚金；以上这些"非期望产出"（undesirable output or bad output）对机场服务水平、环境保护等方面的影响，实际上显性或隐性地影响了机场客货运量和经济收益。因此，在分析机场运营效率的过程中，考虑非期望产出因素的影响，才能客观评价一个现代机场运营和管理的真正水平。纵观研究现状，基于非期望产出的机场运营效率评价的研究，国外很少，国内几乎没有。换言之，对于非期望产出的处理不能使用传统的 DEA 模型。

Shephard（1997）首次提出处理非期望产出的非参数方向距离函数法。该方法与传统 DEA 模型相结合，能够有效解决包含非期望产出的多投入多产出效率评价问题，得到较广泛的应用。Fare 等（2004）使用非参数方向距离函数法，评价了 92 家发电厂污染排放的环境效率；Zaim（2004）定量评价了美国制造业的环境效率；Picazo（2005）研究了非参数方向距离函数和环境管制的关系。Magnus 和 Peter（2003）使用非参数方向距离函数，对 1965~1990 年全球 59 个国家引入非期望产出 CO_2、SO_2 后生产率的增长及收敛状况进行了评价，发现"非期望产出"引入前后美国等发达国家生产率的增长和收敛情况变化不大；当加入 CO_2、SO_2 两个产出变量后，整体上生产率的增长要低于不含"非期望产出"时生产率的增长率，欠发达国家生产率则出现显著的增长和收敛趋势。本书统筹考虑机场运行过程中的非期望产出要素，运用非参数方向距离函数法构建基于非期望产出机场运营效率评价模型，对 2010 年长三角地区 10 个主要机场的运营效率进行评价，并与传统研究思路评价结果进行比较分析，验证基于非期望产出机场运营效率评价模型的合理性与有效性。

第一节 包含非期望产出的机场运营效率评价

一、非期望产出的数学描述

假设有 K 个机场，每个机场为生产决策单元 DMU_k，$k=1, 2, \cdots, K$，它们具有 3 个投入产出向量：投入、期望产出和非期望产出，分别表示成 $x \in R_N^+$，$y \in R_M^+$，$b \in R_J^+$，那么每个机场 k 的投入产出表示为 (x_k, y_k, b_k)，产出集合定义为：
$$P(x)=\{(y,b): x 能够生产出 (y,b)\} \quad (4.1)$$
假设集合 $P(x)$ 是完备的并且满足以下三条性质：

1. 非期望产出的弱随意处置性

如果 $(y,b) \in P(x)$ 并且 $0 \leq \theta \leq 1$，那么 $(\theta y, \theta b) \in P(x)$。性质1说明在给定的投入水平下，减少非期望产出的可行办法就是与此同时减少期望产出。那么各机场非期望产出表示为：

$$\sum_{k \in K} \lambda_k b_{kj} = b_{kj}, j=1\cdots J，其中 \lambda 是权重向量 \quad (4.2)$$

2. 非期望产出与期望产出零点的关联性

如果 $(y,b) \in P(x)$ 并且 $b=0$，那么 $y=0$。性质2说明除非不生产，否则要生产期望产出，则非期望产出必须被生产，两者的关联点仅仅在零点。

3. 期望产出与投入的随意处置性

$(y,b) \in P(x)$，若 $y' \leq y$，则 $(y', b) \in P(x)$；若 $x' \geq x$，则 $(y,b) \in P(x) \subseteq P(x')$。那么各机场期望产出和投入分别表示为：

$$\sum_{k \in K} \lambda_k y_{km} \geq y_{km}, m=1\cdots M, \sum_{k \in K} \lambda_k x_{kn} \leq x_{kn}, n=1\cdots N，其中 \lambda 是权重向量 \quad (4.3)$$

图4-1阐述考虑非期望产出时机场产出可能集 $P(x)$ 的性质。假设有四个机场，各机场投入产出比例如 A、B、C、D 所示，线性的、分段的绘制出产出可能集 $P(x)$，因为非期望产出的弱随意处置性，它由 0ABCE 点包围，如果忽略非期望产出对机场运营效率的影响，产出可能集 $P(x)$ 由 0GBCE 五点包围。首先，产出可能集 $P(x)$ 是凸集且完备的；其次，因为非期望产出与期望产出零点的关联性，因此产出可能集 $P(x)$ 包含原点 0；最后，因为期望产出与投入的随意处置性，因此线段 CE 垂直于 x 轴。如图4-1所示，机场 A、B、C 在效率前沿面上，随着非期望产出的增加，期望产出的增幅逐渐降低，最终出现期望产值负增长的现象，这是因为在机场运营过程中一定程度的非期望产出，如航班延误可能导致机场运量的降低。

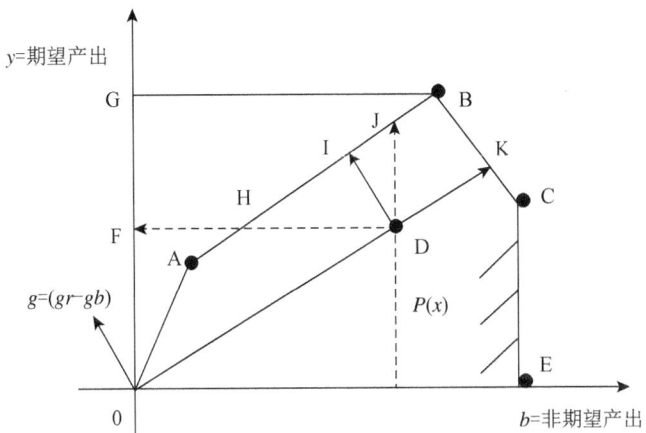

图 4-1 机场产出可能集 $P(x)$ 及方向距离函数示意图

基于上述三种性质假设，机场 k 产出可能集 $P(x)$ 定义为：

$$P(x_k) = \{(y,b):$$
$$\sum_{k \in K} \lambda_k y_{km} \geq y_{km}, m=1\cdots M$$
$$\sum_{k \in K} \lambda_k b_{kj} = b_{kj}, j=1\cdots J \qquad (4.4)$$
$$\sum_{k \in K} \lambda_k x_{kn} \leq x_{kn}, n=1\cdots N$$
$$\lambda_k \geq 0, k=1\cdots K\}$$

二、基于非期望产出的机场运营效率评价模型

如图 4-1 所示，由传统的效率评价原理衡量机场 D 的产出有效率点是 K，产出效率为 0D/0K，即如果非期望产出和期望产出以 0D/0K 同比例增加，那么机场 D 被认为是产出有效率的。但是如果被评价单元生产涉及非期望产出的限制，那么就不应该以同时增加期望产出和非期望产出提高效率，而是要寻求一个增加期望产出同时减少非期望产出的方向 g=（g_y, $-g_b$）来提高效率，那么图 4-1 机场 D 有效率的点是 I 而非 K 点。Fare（2004）定义了非参数方向距离函数为：

$$\vec{D}_o(x,y,b;g_y,-g_b) = \max\{\beta : (y+\beta g_y, b-\beta g_b) \in P(x)\} \qquad (4.5)$$

其中下标"o"表示基于产出角度（output-oriented）的度量方法。

由于非参数方向距离函数按照决策者的意愿设定效率改进的方向，例如当 $g=(0, b)$ 时，机场 D 的产出有效率点是 H；当 $g=(y, 0)$ 时，机场 D 的产出有效率点是 J，因此将决策者的主观偏好与 DEA 模型相结合，较好地解决了非期望产出的效率评价问题。因此非期望产出下机场运营效率的线性规划：

$$\max \beta_k$$
$$\text{s.t.}$$
$$\sum_{k \in K} \lambda_k y_{km} \geq y_{km} + \beta_k g_y, m = 1 \cdots M$$
$$\sum_{k \in K} \lambda_k b_{kj} = b_{kj} - \beta_k g_b, j = 1 \cdots J \quad (4.6)$$
$$\sum_{k \in K} \lambda_k x_{kn} \leq x_{kn}, n = 1 \cdots N$$
$$\lambda_k \geq 0, k = 1 \cdots K$$

在目前我国机场运营模式下，期望产出和非期望产出共同决定着机场运营效率。基于实际研究的需要，本书定义 $g=(y, -b)$，在此基础上构造出基于非期望产出机场运营效率评价模型：

$$\max \beta_k$$
$$\text{s.t.}$$
$$\sum_{k \in K} \lambda_k y_{km} \geq y_{km}(1 + \beta_k), m = 1 \cdots M$$
$$\sum_{k \in K} \lambda_k b_{kj} = b_{kj}(1 - \beta_k), j = 1 \cdots J \quad (4.7)$$
$$\sum_{k \in K} \lambda_k x_{kn} \leq x_{kn}, n = 1 \cdots N$$
$$\lambda_k \geq 0, k = 1 \cdots K$$

第二节 基于非期望产出模型的机场运营效率评价

一、决策单元和投入产出指标的选取

本节首先以长三角机场群 10 个主要机场作为 DMU_k，分别是上海浦东、上海虹桥、杭州萧山、南京禄口、宁波栎社、苏南硕放、常州奔牛、台州路桥、

舟山普陀山、南通兴东。遵循指标的选取原则——科学性、可操作性、系统性、可比性、定性与定量相结合,给出机场运营效率评价投入/产出指标(见表4-1)。

表4-1 机场运营效率评价投入产出指标

投入	期望产出	非期望产出
机场占地面积(m^2)	旅客吞吐量(人) 货邮吞吐量(吨) 准点起降架次(次)	延误起降架次(次)
航站楼面积(m^2)		
停机坪面积(m^2)		
跑道面积(m^2)		

其次以各机场2010年的产出值为数据样本,采用肯德尔等级相关系数(Kendall's tau-b)反映期望产出与非期望产出要素之间的相关性(见表4-2)。数据说明要素之间具有很强的正相关性,在机场运行过程中旅客吞吐量不断增长的情况下,正点起降架次增加的同时(相关系数为0.644,并且双尾显著性为0.011,小于0.05的水平),非期望产出中延误起降架次出现更强的增长趋势(相关系数为0.854)并且表现出非常显著性影响(双尾显著性为0.001,小于0.01的水平)。这意味着在机场运行过程中如果一味地追求业务总量带来的经济效益,试图将航班计划集中在大型、繁忙机场,必然会引起航班延误,降低机场的服务质量,造成旅客流失及其他负面效应,最终影响机场运营效率。因此非期望产出要素——延误起降架次是评价机场运营效率不可缺少的要素之一。

表4-2 期望产出与非期望产出要素之间的相关系数矩阵

肯德尔等级相关系数		旅客吞吐量	货邮吞吐量	准点起降架次	延误起降架次
旅客吞吐量	相关系数	1	0.911**	0.644*	0.854**
	显著性(双尾)		0	0.011	0.001
	样本数		10	10	10
货邮吞吐量	相关系数		1	0.644*	0.809**
	显著性(双尾)			0.011	0.001
	样本数			10	10

续表

肯德尔等级相关系数		旅客吞吐量	货邮吞吐量	准点起降架次	延误起降架次
准点起降架次	相关系数			1	0.535*
	显著性（双尾）				0.036
	样本数				10
延误起降架次	相关系数				1
	显著性（双尾）				
	样本数				

注：** 代表相关性在 0.01 水平（双尾）具有显著性；* 代表相关性在 0.05 水平（双尾）具有显著性。

二、三种对比算例的划分

为了科学反映基于非期望产出的机场运营效率评价模型的有效性，突出非期望产出对机场运营效率的影响，本章将与传统研究思路评价结果做对比，给出以下三个算例，各算例投入产出要素如表 4-3 所示。

表 4-3 三个算例投入产出指标的划分

	算例 1	算例 2	算例 3
研究方式	传统研究思路	传统研究思路	考虑非期望产出——延误航班
投入	航站楼面积（m²）、停机坪面积（m²）、跑道面积（m²）、机场占地面积（m²）		
期望产出	起降架次（次）旅客吞吐量（人）	起降架次（次）、旅客吞吐量（人） 货邮吞吐量（吨）	准点起降架次（次）、旅客吞吐量（人） 货邮吞吐量（吨）
非期望产出	无	无	延误起降架次（次）

三个算例投入要素相同。算例 1 与算例 2 采用传统研究思路，即没有考虑非期望产出对机场运营效率的影响，其中算例 2 增加了一个期望产出要素货邮吞吐量，用于分析货邮运量对机场运营效率的影响以及增加一例指标对效率评价的影响。

将传统研究思路中期望产出要素之一的起降架次分为准点起降架次与延误

起降架次,并且将延误起降架次作为非期望产出要素引入算例3中,与传统研究思路下的算例1、2进行对比分析。

本章以各机场2010年的投入产出值为数据样本,三个算例中分别将式(4.7)计算K次,β_k的大小衡量机场k的运营效率高低,β_k值越大,机场运营效率越低;当$\beta_k=0$时表示机场k运营有效率。各机场运营效率如表4-4所示,各机场按2010年旅客吞吐量的多少依次排序。

表4-4 2010年长三角区域各机场生产运营效率值

序号	机场	机场三字码	算例1	算例2	算例3
1	上海浦东	PVG	0.047	0	0
2	上海虹桥	SHA	0	0	0
3	杭州萧山	HGH	0	0	0
4	南京禄口	NKG	0.556	0.518	0
5	宁波栎社	NGB	0.578	0.578	0
6	苏南硕放	WUX	1.820	1.289	0.098
7	常州奔牛	CZX	0.439	0.439	0.154
8	台州路桥	HYN	0.773	0.773	0.042
9	舟山普陀山	HSN	1.628	1.628	0.076
10	南通兴东	NTG	0	0	0
	合计		5.841	5.225	0.370
	无效率机场运营效率平均值		0.834	0.871	0.093
	所有机场运营效率平均值		0.584	0.523	0.037
	有效率的机场个数		3	4	6

三、机场运营效率评价结果分析

1. 非期望产出要素——延误起降架次因素对生产运营有效率机场的影响

首先,传统研究思路两种算例下,机场生产运营有效率主要集中在相对繁忙的机场,如旅客吞吐量及起降架次排名前三的机场——浦东、虹桥、萧山;当引入货邮运量因素时,上海浦东机场的生产运营效率由无效率变为有效率,体现出货邮市场对浦东机场生产运营举足轻重的作用，2002~2010年机场生产统计数据显示浦东机场是我国货运能力最强的机场；其次，效率评价指标个数的增加，生产运营有效率的机场个数也随之增加。如当引入非期望产出要素时，10个样本机场中有6个机场生产运营有效率，而传统研究思路下机场生产运营有效率分别只有3个和4个。这说明引入非期望产出要素后，能够全面科学地评价机场生产运营效率，有效识别机场运营能力。

2. 非期望产出要素——延误起降架次因素对生产运营无效率机场的影响

与研究机场生产运营效率的传统思路相比，引入延误起降架次后，中小型、延误率低的机场生产运营效率相对提高。例如，引入延误起降架次后，南京禄口机场、宁波栎社机场的生产运营是有效率的；苏南硕放机场的生产运营效率值是0.098，也就是说机场产出提高9.8%，机场生产将是有效率的；而传统研究思路下产出提高12.89%才会有效率；另外，引入航班延误后，所有机场生产运营效率平均值是0.037，意味着所有机场产出提高3.7%将有效率，并且不会出现航班延误现象；而传统研究思路下产出提高52.3%才会有效率；

3. 非期望产出要素——延误起降架次因素对评价机场生产运营效率的影响

首先，传统研究思路下，机场运营效率由高至低排序为：浦东、虹桥、萧山、兴东、禄口、栎社、奔牛、路桥、硕放、普陀山；引入延误起降架次后，机场运营效率由高至低排序为：浦东、虹桥、萧山、兴东、禄口、栎社、路桥、普陀山、硕放、奔牛，说明延误起降架次作为非期望产出是影响机场运营效率的关键因素之一。

其次，采用弗里德曼氏试验（Friedman test）和肯德尔一致性检验（Kendall's Wtest），测得不同指标对机场运营效率的评价有显著差异（表4-5，渐进显著性均为0.002，小于0.05），接着进一步采用配对样本t检验（样本符合正态分布），测试三个算例的机场运营效率均值两两之间是否有显著差异，从而检验货邮吞吐量因素与延误起降架次因素对机场运营效率评价的不同特征。结果如表4-6所示，其中算例1与算例2的配对检验中，双尾显著性为0.271，大于0.05的水平，说明货邮吞吐量因素对机场运营效率没有产生显著效果；在配对检验1和3、2和3中，引入延误起降架次因素前后的机场运营效率均值存在显著差异，认为延误起降架次因素对机场运营效率产生显著效果（双尾显著性为 0.024，小于 0.05 的水平；双尾显著性为 0.02，小于 0.05 的水平）。

4. 引入非期望产出要素，对机场规模与机场运营效率关系的影响

将长三角区域内 10 个样本机场的规模分为门户枢纽机场、区域枢纽机场、干线机场、支线机场，机场运营效率平均值如表 4-7 所示。对三个算例得出的运营效率值比较后发现，不同规模机场的生产运营效率与其规模之间并不存在正相关关系，机场运营规模大，其运营效率并不一定高。当期望产出只考虑旅客吞吐量时，同样本数量下区域枢纽机场的运营效率改善情况要高于门户枢纽机场；支线机场的运营效率改善状况也要好于干线机场。当然，当引入货邮吞吐量时，门户枢纽机场与干线机场的运营效率显著提高；区域枢纽机场与支线机场的运营效率对货运因素不敏感，其运营效率数据说明应发展支线机场的货邮市场，其对机场运营效率的改善存在巨大潜力。当引入非期望产出——延误起降架次后，干线机场与支线机场的生产运营效率提高率分别达 96%、90%，说明机场运营效率与机场的适度规模有关，如果机场建设追求大而全，航空公司将航班计划集中在大型、繁忙机场，忽视航班延误，必然会导致机场服务质量下降、旅客流失，最终影响机场的运营效率。

表 4-5　三个相关样本非参数检验结果

弗里德曼氏试验	N	10
	卡方（Chi-Square）	12.087
	自由度（df）	2
	渐进显著性（Asymp. Sig.）	0.002
肯德尔一致性检验	N	10
	肯德尔协同系数（Kendall's W）	0.604
	卡方（Chi-Square）	12.087
	自由度（df）	2
	渐进显著性（Asymp. Sig.）	0.002

表 4-6 配对样本 t 检验结果

配对样本 t 检验 (Paired-sample t-test)		配对差值(Paired Differences)					相关系数 (Correlation)	t	自由度 df	显著性 (双尾) [Sig.(2-tailed)]
		平均数 (Mean)	标准差 (Std. Deviation)	标准误 (Std. Error Mean)	95% 可信区间 (95% Confidence Interval of the Difference)					
					低值 (Lower)	高值 (Upper)				
配对 1	算例 1 & 算例 2	0.061 57	0.165 89	0.052 46	−0.057 10	0.180 24	0.975	1.174	9	0.271
配对 2	算例 1 & 算例 3	0.547 07	0.636 14	0.201 17	0.091 99	1.002 14	0.565	2.719	9	0.024
配对 3	算例 2 & 算例 3	0.485 50	0.546 51	0.172 82	0.945 49	0.876 45	0.552	2.809	9	0.020

表 4-7 2010 年长三角区域不同规模机场运营效率平均值

机场分类	机场	算例 1	算例 2	算例 3
门户枢纽机场	上海浦东	0.0467	0	0
区域枢纽机场	上海虹桥	0	0	0
干线机场	杭州萧山、南京禄口、宁波栎社、苏南硕放	0.848	0.592	0.025
支线机场	常州奔牛、舟山普陀山、南通兴东、台州路桥	0.710	0.710	0.068

第三节 对长三角多机场区域提高机场整体运营效率的建议

基于以上关于延误起降架次对长三角区域机场运营效率评价的实证研究，本章认为应从以下几点来切实提高区域机场整体运营效率。

一、构建跨区域的综合管理机构

长三角区域各机场分布两省一市，首当其冲要突破行政壁垒，构建跨区域的综合管理机构，以全局、合作、协调的视角对各机场进行管理。例如，运用政策引导、价格、收费等措施对枢纽机场、繁忙机场的运量分配实施动态调节，促使运量向周边利用率相对不高的中小机场分流；一方面，减少枢纽机场因为繁忙而带来的负面影响（如，出现非期望产出）；另一方面，保证区域内各机场资源得到最大程度利用。

二、统筹考虑区域机场，优化航线网络结构

依托长三角"1小时都市圈"、发达的地面交通网络以及便捷的机场地面衔接，使得各机场之间不再遥远，例如南通机场与上海浦东、虹桥仅1.5小时的车程，常州机场与南京机场仅1小时车程。因此航空公司制订航班计划时，不能孤立地看待每个机场，为了追求经济效益最大，将航班计划集中在大型、繁忙机场，忽略非期望产出所带来的负面效应；应该统筹考虑区域内各机场，优化航线网络结构。一方面充分体现上海浦东国际机场枢纽中转的特点，优化上海虹桥国际机场航线结构（现有航线结构中800公里以内短程航线占59.21%，在区域内10个主要机场中排名第一），与杭州萧山国际机场、南京禄口国际机场充分合作，体现区域枢纽机场的作用；另一方面将短距离航线划分到周边中小机场，为本地无机场的航空旅客出行提供多种选择机场的机会。这样不但可以缓解中小机场自身的经济效益压力，同时也缓解了大机场的运营压力，提高了区域机场生产运营的整体效率。

三、大型机场自我完善、提高效率、减少延误等非期望产出

首先，上海浦东国际机场依然要保持并凸显其航空枢纽的特色以及在长三角区域民航运输业中"核心但非独占"的地位，因此除了在航线结构上体现其枢纽中转的特点，在基础设施服务上也要突出其中转的优势。当运量快速增长时，登机门区域旅客中转的有限能力将对机场的总体表现造成严重限制，从而不会实现真正的"中枢"理念。而且有限的登机门对登机门转接，很可能成为航空公司准点率较差的主要原因之一。在这种情况下，应借鉴国外先进技术，根据自身实际情况，优化登机门使用和保证登机门容量最大化，较好地实现登机门对登机门中转的功能，提高中转效率。

其次，机场在运营过程中应该注重全面的飞行区规划，提高空侧运行效

率。浦东机场现在已经拥有四条跑道,该如何规划它们之间的协调运行模式,以利于缩短飞机在地面或空中的待命时间,节省航油,提高飞机的组织运行效率,提高航班正点率,也将是机场发展的重点。

本章小结

本章突破传统的研究思路,统筹考虑机场运营过程中的非期望产出要素,采用非参数方向距离函数法构造了一种新的机场运营效率评价模型。首先,以长三角区域内10个主要机场为例,对引入非期望产出机场运营效率的评价结果与传统研究思路做对比,分析表明非期望产出是评价机场运营效率必不可少的关键因素之一;其次,非期望产出要素对机场运营效率产生非常显著的影响。引入非期望产出后,我国机场运营效率和运营规模之间并不存在正相关性,中小型、延误率低的机场运营效率显著提高,表现出巨大的发展潜力;最后,为机场及航空公司管理者在权衡机场吞吐量和服务质量方面提供了建议,为政府及民航有关部门制定关于促进多机场区域机场群健康发展的相关政策提供参考依据。

第五章 基于枢纽机场的机场群构建框架与协调运行

第一节 机场群形成的内外原因

区域机场群的出现有其深刻的社会、经济背景原因。

一、应对航空运输业快速、聚集发展而形成

首先，航空运输需求的快速增长是区域机场群形成的直接原因。根据航空运输业内相关研究机构的预测，未来中国仍将处于航空运输业快速发展阶段，随着人均收入的继续提高，未来3~5年航空整体需求有望保持10%以上的较高增速。其次，航空运输量逐渐向枢纽机场聚集，无论是传统骨干航空公司采取的中枢轮辐式航线网络方式，还是新兴的低成本航空公司的城市对式航线安排，都试图以提高航班密度、可选择性和便捷性吸引旅客。研究表明，机场航班密度每增加2倍，该机场旅客吞吐量就可增长5倍，充分反映了航空业务随航线航班增长而加速聚集的现象。

强劲的航空运输需求以及航空公司的集聚运营，导致区域核心城市机场出现设施容量不足的窘境。与此同时，资源的逐步减少及可利用土地数量的减少必然会使航空运输设施建设放缓脚步，我们已经再也不能像过去那样靠新建机场来满足航空运输量的增长，"需求预测和满足需求"的方法并不奏效。高效的机场运营管理模式——整合区域多机场、构建协调运营的区域机场群系统，是未来航空运输业降低运营成本、提高运营效率的关键途径之一。

二、低成本航空公司的发展促使二级机场的崛起

二三线机场，即都市圈内与枢纽机场合理服务半径内相邻的机场，其规模较小，繁忙程度较低。1971年美国西南航空公司成立，随后于20世纪90年代中后期在欧洲、亚洲兴起，标志着低成本航空这一充满活力与竞争力的航空服务方式得以形成与发展。低成本航空公司出于服务高效率、低成本的考虑，通常选择使用二三线机场。这些机场以满足旅客服务需求为目标，不追求豪华，设施较简单，收费低甚至不收费，仅仅谋取客流量增加带来的非航空业务收入，逐渐形成了不同于传统枢纽机场的、更具经济性的新型航空环境。其在效率和成本上表现出的优势是枢纽机场无法比拟的，低成本航空公司的出现促使二级机场的崛起，极大地拓展了航空运输市场，逐步改变了全球航空运输的格局，为机场群系统的形成与发展带来了新的机遇与挑战。这主要表现为：①位于都市圈内核心机场周边的小型机场通过发展低成本航空业务，获得了新的发展机会，并对邻近的枢纽机场起到分流作用，缓解了枢纽机场因吞吐量过分饱和而出现的航班延误等负面现象；②二线机场通过发展低成本航空业务，与枢纽机场形成科学合理的分工体系，不仅保持自身的优势地位，同时避免都市圈内客源流失或市场萎缩，在日益激烈的竞争环境中保持机场群系统的优势。

例如，在欧洲机场群中，英国机场集团将其所属的斯坦斯特德机场作为发展低成本航空的主要机场，德国机场集团大力发展其所属的哈恩机场的低成本航空业务，此类举措的目的都是为了保持机场群的整体竞争优势。低成本航空业务的发展成为机场群演化形成的重要因素之一。

三、高度发达的综合地面交通系统为机场群的构建创造了客观条件

近年来，我国珠三角、长三角、京津冀等经济区域的区域综合交通体系都处于不断完善过程中，地面综合交通网络框架已基本形成。长三角"一小时都市圈"的形成，对旅客来说，到区域内各个机场的时间长度基本相同，区位因素对每一个机场来说都不是主要竞争优势，这促使系统范围内的各个机场需要从所提供的服务、收费、机场航线覆盖范围、频率等因素出发，围绕特定细分市场和服务对象进行开发，增加这些因素在旅客选择机场过程中的重要性，促

进区域内各机场的稳定发展和机场群系统的协调运营。

例如,经过伦敦交通部门多年来持续不断的努力,大伦敦区域多机场系统将区域内五个机场与区域导航技术、区域空中交通管理系统、区域地面交通系统有机地连接起来,为整个系统的协调运营创造了有利条件,大大提高了机场利用率。2005年大伦敦区域多机场系统在机场规模相对不大的前提下（希思罗机场两个跑道,其他机场都是单跑道）,完成年旅客吞吐量近1.4亿人次,几乎等于当年我国民航业完成旅客量的一半,其中盖特威克机场是全球运营效率最高的单跑道机场。

四、顺应航空公司联盟的积极响应

随着经济全球化的发展,全球航空公司加速整合,航空公司正日益趋向联盟化、多枢纽、大型化和全球化。这种结盟企业要求在全球各主要机场都能够享受到标准化、国际化的机场服务,这种需求和发展趋势使得中国机场业同样需要组建自己的"航空母舰"。这是促使区域机场整合并形成区域机场群系统的重要需求推动力。

第二节 机场群演化发展模型

在市场经济条件下,区域内各机场协调运行涉及地区经济、技术和社会发展等各个领域,并越来越受到国家及地方政府的重视和关注。由于机场之间布局、规模和功能定位不同,它们的发展模式以及服务对象也存在一定的差异性,由此借助对各机场的运营控制与协调,依托各机场资源优势,形成功能错位的竞争方式。在提升机场的服务效益、容量的基础上,避免传统区域内机场之间的同质化竞争,进而真正形成一个层次分明、结构合理、功能完善、高效协调的机场群,实现机场群系统的均衡与协调发展,并最终促进区域航空运输系统可持续发展及区域社会经济发展。机场群的演变情况如图5-1所示。演变情况具体可分为时间演化模型和多智能体反馈演化模型。

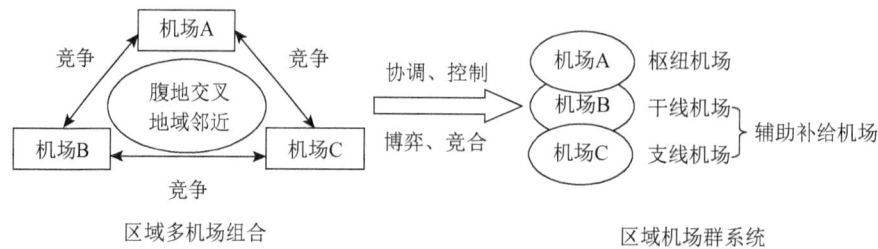

图 5-1　区域机场群演变图

一、时间演化模型

美国学者 Philippe A. Bonnefoy 和 R. John Hansman 提出单个机场生命周期理论，认为每个机场的生命周期依次为建设期、初始期、商业化服务初始期、形成期、成长稳定期、成熟期和受限期七个阶段。依托都市圈的发展，单个机场的先后演进、机场群的形成和发展同样具有时序性，可分为机场独立发展阶段、机场间竞争阶段及机场群稳定发展阶段。时间演化模型如图 5-2 所示。

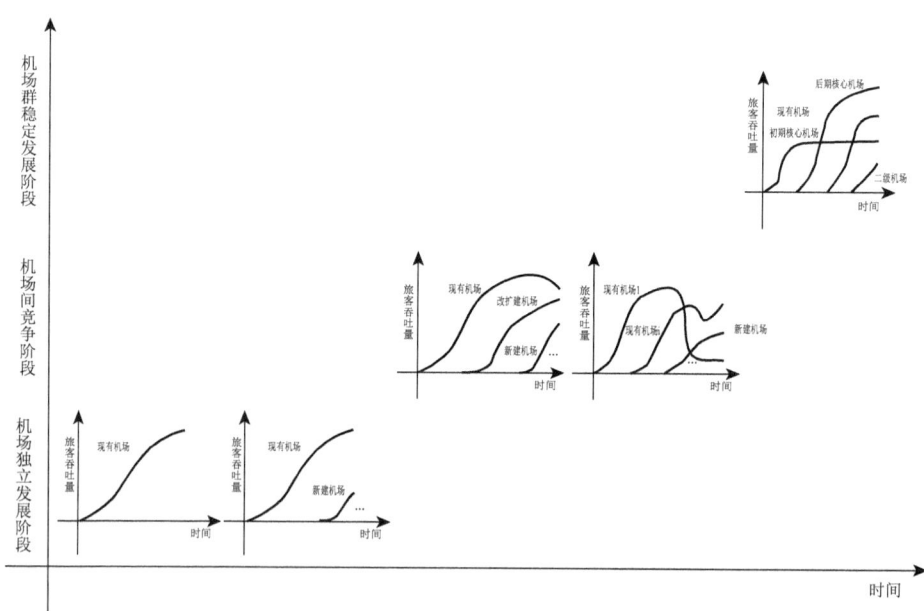

图 5-2　机场群时间演化模型

1. 机场群形成初期——各机场独立发展阶段

随着都市圈的形成和发展以及航空运输业务量的逐步增长，各地区开始兴建机场，或军用机场逐渐转为军民合用。都市圈内的城市各自独立发展，区域内的地域空间结构和功能分工协作松散，地处不同城市的各机场之间孤立发展，机场的服务范围仅局限于所在城市，区域航空市场缺乏联系和协作。机场地面交通也仅考虑与机场所在城市的进场交通联系，其他非中心城市无直达和便捷的交通线路进出机场，这些城市的航空旅客进出机场不便。

2. 机场群形成中期——机场间相互竞争由弱变强阶段

依托都市圈内以大城市为核心的区域交通发展，内部各城市之间开始形成较弱的相互作用，城市与非本地机场之间也开始存在航空业务联系。由于都市圈的单一机场存在容量限制，现有机场逐渐成为第二机场，或其他地区开始新建、改扩建机场，区域内机场数量随之增多。原有少数机场所承担的市场份额下降，各机场服务范围和功能定位有所重叠，相互之间存在着弱相互联系。机场地面交通方面，非机场所在地的周边城市仍无便利而直达的交通线路进出机场。

伴随着都市圈产业结构调整，服务业和高附加值的货运业发展加快；城市之间的职能联系更为紧密，地域分工更加广泛，同时人口规模的快速增长导致强劲的航空市场需求。这一时期区域内机场之间有着强相互作用，彼此之间强化航线联系，机场功能开始分化，竞争态势逐渐增强；同时，多机场体系运营略不稳定：一方面现有机场面临新建机场或新航空公司进入的冲击，另一方面在市场机制作用或政府行政手段调控下，现有机场运营会出现剧烈变化。

这阶段市中心与机场之间地面交通数量开始增多，但尚未有直达的对外交通线路与机场相连，区域机场群开始利用跨城市的城际交通线路进出机场。航空公司以密集航线及高航班频率拓展其航空市场及服务范围，提高机场和自身吸引力。

3. 机场群形成后期——机场群稳定发展阶段

都市圈的发展进入成熟阶段，在区域一体化和经济全球化推动下，在高新技术产业和现代服务业的带动下，区域内的民航运输业发展迅速，航空市场发展壮大，区域机场功能趋于齐全，民航业的整体实力得以提升，对外综合竞争力提高，机场数量和运营状况相对稳定。机场群内部的竞合机制逐步形成，各机场之间的地面交通联系紧密,机场分工错位,并与其他交通方式有机整合,区域航线网络覆盖率和服务空间范畴全面扩散。机场群的运营处于相对稳定状态,整个机场群可达到"帕累托"最优。

机场群稳定发展阶段的地面交通体系趋于完善,各个机场均与城际交通、区域交通网络相连,机场进场交通系统逐渐融入区域内的城际交通和区域综合交通体系,城际轨道交通线和国家高铁开始引入机场,区域内的主要机场由此成为区域综合交通体系中的主要交通节点。成熟的机场群诞生于第二次世界大战后,伦敦机场群体系中希思罗、盖特威克等主要机场均是第二次世界大战前建设的军用机场,后期由于都市圈单一机场容量受限,逐步形成现有的五大机场体系。目前伦敦机场群各机场分布在伦敦市区不同方位,且距离市中心远近不同,涵盖低成本、包机、商务服务等多种功能,又有便利的交通相互通达,成为欧美国家相对成熟稳定的机场群体系之一。

在时间上我国机场群的发展历程是非连续的。在民国时期,机场多数分布于上海、北京、南京等主要城市,而此后这些机场逐渐废弃或外迁,少数保留使用。到了近代,机场数量初具规模,但军用机场和民用机场错杂分布,且军用机场在内战结束后大量废弃。在计划经济时期,由于航空运输业务量偏少,我国主要城市地区基本上为"一市一场"的民用机场模式,航空旅客少有跨区域进行异地登机。改革开放后,由于城市化进程加快和航空运输的强劲发展,原有的军民合用机场或民用机场因无法满足需求而遭停航或利用率低下,机场群通过新建机场的方式而逐渐成形。"一市多场"的机场群体系首先在上海地区出现,随后出现珠江三角洲"5A"型区域机场群体系。

目前我国尚未进入成熟阶段的机场群体系,珠江三角洲区域机场群和长三角区域机场群是我国现阶段发展相对完善的区域机场群之一,其机场与区域交通体系紧密结合,机场之间存在竞合机制。例如,珠江三角洲城际轨道交通网将广州白云机场、深圳宝安机场、珠江三灶机场以及香港机场全面融合;长三角交通网络同样考虑了与区域内机场的衔接,如京沪高铁、沪杭磁悬浮铁路与上海虹桥机场的衔接、宁杭城际高铁与南京禄口机场的衔接等,使机场群借助于城际交通网络融合在都市圈之中。

从长远来看,根据国家关于民用机场管理体制进一步深化改革的需要,在都市圈和经济区基本成型与逐步发展的背景下,机场群依托政府牵头、资产重组,通过都市圈内发达的地面交通网络相互衔接,由此形成以枢纽机场为中心、衔接区域内机场群的地面交通圈,并在此基础上构建以航空运输为主体的空铁联运、陆空联运以及空海联运等各种多式联运方式。从而我国机场群体系将逐渐完善健全,形成规模适当、功能完善、结构合理、分工合作和有序竞争的、以枢纽机场为核心的区域机场群体系。

二、多智能体反馈演化模型

根据"多智能体"理论、"多机协调"理论以及"协同决策"理论,当在一个系统中存在多个具有自主行为能力的智能体(Agent)时,针对同一目标或任务,通过合理分工和统一协调,充分发挥各智能体的自主作用,将能够有效提高整个系统的效能。

本章提出基于多智能体反馈机场群系统演化模型。该模型共由六个智能体组成,分别是航空旅客运输需求生成、航空公司决策过程、机场规划部门、现有机场、民用运输机场投融资主体和机场群系统。主体分别是航空旅客运输需求生成、航空公司决策过程、机场规划部门,它们与其他智能体相互之间的关系如图5-3所示。

首先,航空旅客运输需求生成是航空旅客运输市场发展的逻辑起点,在多机场区域内受城市社会经济发展程度、人口规模、密度和结构、城镇居民可支配收入等因素的影响生成航空运输潜在需求。当人们外出选择乘坐飞机这一交通方式时,因为区域内存在多个机场,受机场服务属性(如开通航线条数、航班频率、票价等)以及到机场的地面交通等因素的影响,旅客会选择对其吸引力最大的机场,从而出现各机场旅客运量的差异,构成了航空客流在航线网络中各机场的分布,最终形成区域内航空运输现实需求。

其次,航空公司根据预测的客货市场容量、自身发展环境、市场发展战略、市场成熟度、市场竞争程度以及与机场和空管的合作关系等因素确定目标市场,并根据市场情况选择航线(或开辟新航线)、设计航线构型、选择机型以及安排航班班期、确定航班频次和时刻。根据以上编制内容并结合现有机组资源,分析航班成本和收入进行合理定价,一方面对航班设置和航线选择进行优化,另一方面也能反映航空运输企业主营业务的盈利能力。

最后,强劲的航空运输客货运量需求,导致一些主要机场出现航班延误等负面现象，为扩大机场容量地方政府以及规划部门纷纷提议新、扩建机场。

机场属于规模宏大、投资巨大的建设工程，先规划后行动，可将损失降到最低程度。在进行机场规划和设计时，依据预测的客货市场运量，确定机场和所需各项设施的规模、等级、技术参数和合理的建设期。各参数确定后对机场场址进行选择，要考虑自然条件、当地居民分布、土地规划等因素的影响，选择具有良好自然条件的地理位置，实地调查土地利用现状、当地居民分布情况、地形与地表组成物质、水系特性与洪涝水文资料、鸟类栖息情况等。做土地规划时应本着用地经济合理的原则，尽可能实现土地利用与当地规划之间的协调性和兼容性，要在确保机场正常运行的前提下，力求对周围地区的影响降到最低并做到环境保护与绿化美化，以维持生态平衡、实现可持续发展。最终落实机场建设总体规划方案时，应首先与规划人员商讨规划设想、与机场建设指挥部讨论机场运行制约条件及各类规范与技术标准、与各相关政府机构充分协商，征求意见后，编制可行性研究报告或项目申请报告，定稿后由地方管理局、民航局联合审查。

早期民用机场是结合当地航空运输需求以及为开辟航线而建设。随着民航事业的发展，一些对旅客及货物有吸引力的机场吸引并集中了高密度的航线和航班，而航线与航班的集中化又提升了机场对旅客及货物的吸引力，一种具有正反馈作用的自组织过程不断地加速航线航班在几个机场的集聚和集中。与此同时，另一些机场则出现了生产能力过度闲置的问题。因此，针对区域内多个机场，航空公司重新优化组合航线航班，将现有主要机场、新建机场及利用率较低的二级中小型机场，通过协调机制整合成规模适当、功能完善、结构合理、分工合作和有序竞争的以枢纽机场为核心的区域机场群体系。

综上分析，机场群不仅仅是一种机场资产规模和市场规模的简单扩大，也不仅仅是"扶持"小机场发展。更为重要的是，通过构建机场群，整合机场资源，形成区域内的一个能够功能互补的"超级"机场，犹如一个运行整体，为一个更大的区域提供航空运输服务，促进更大区域的经济发展和社会繁荣。

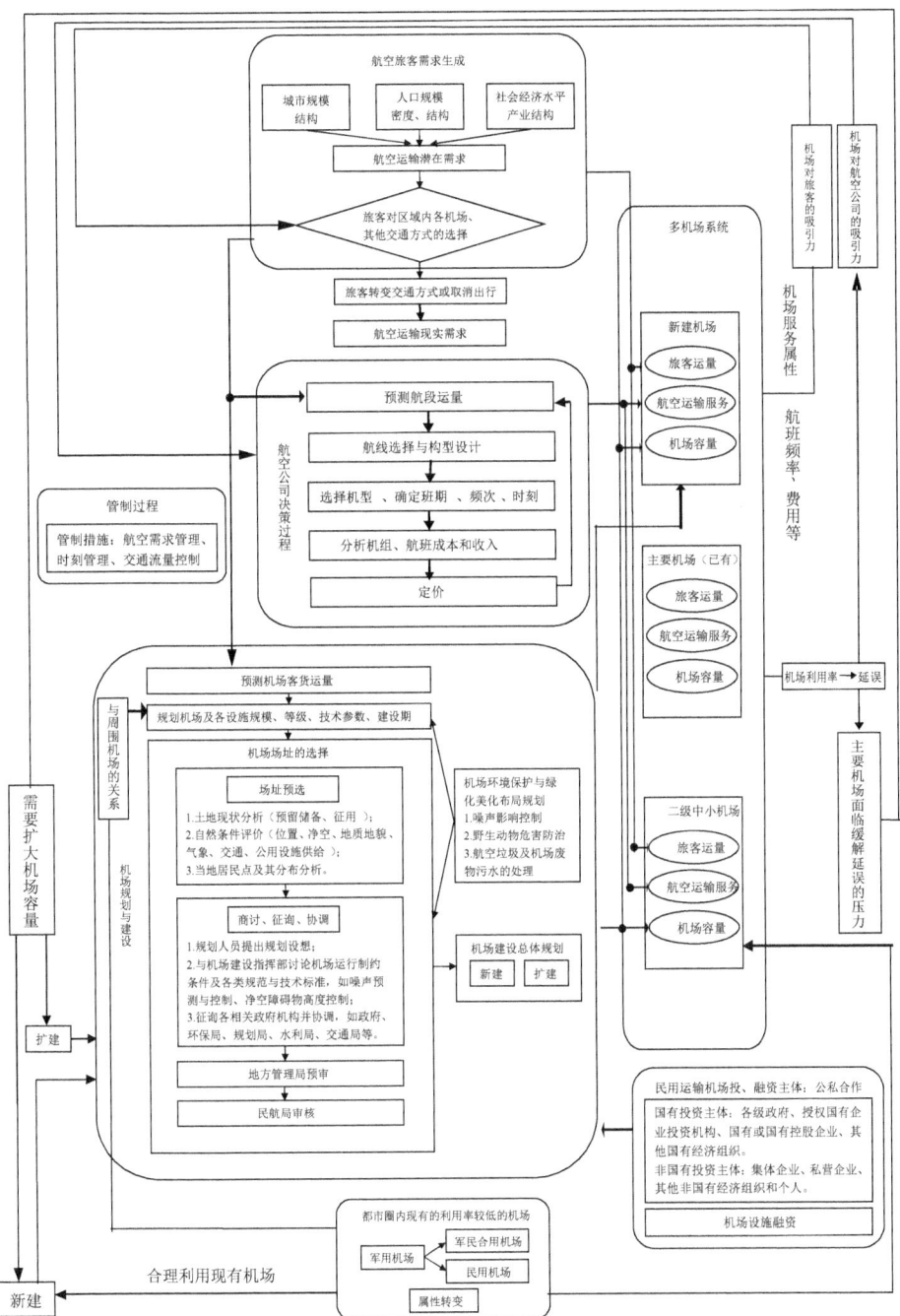

图 5-3 多机场系统动态演化反馈模型

第三节 机场群结构模式

鉴于我国地理经济特点和长期以来行政区划产生的以城市为中心的格局，大型机场主要分布在经济发达地区。在航空运输助推下的城市社会和经济发展产生的强大辐射力影响下，形成大都市经济圈。因此，鉴于我国机场密集地区机场规模、分布特点和城市在区域社会经济中的地位与影响力，我国适宜构建以枢纽机场为核心的机场群。以枢纽机场为核心的机场群主要有以下结构形态：

一、单中心机场群

单中心机场群以都市圈内地处核心城市的枢纽机场为中心，以发达的道路交通网络或枢纽机场发达的航线网络为依托，形成以地面交通网络和中枢航空网络为依托的单中心机场群。其具有以下特点：

1. 突出的区位优势

机场群的中心枢纽机场位于区域中心城市，其首位度大、经济总量突出，航空市场需求庞大且多样化。枢纽机场在区域政治、社会、经济、交通和市场等领域具有突出的中心区位优势，处于区域航线网络的中心节点，在区域性旅客和货物航空运输中具有突出的中转和集散优势，与周边机场有较紧密的市场关联性。例如，北京首都机场、上海浦东机场。

2. 大型基地航空公司支持

机场群的中心枢纽机场有大型基地航空公司或航空公司联盟的航线支持，具有较强的中枢辐射作用和大批量客货中转能力。通过构建机场群，不仅能够协调机场资源和航班运行，而且能够形成中心辐射式枢纽航线网络。例如，云南机场集团管辖全省范围内的所有民用机场，昆明长水国际机场依托东方航空、祥鹏航空、昆明航空、四川航空四大基地航空公司支持，构建以昆明为中心，连接省内与周边省际支线网络、辐射国内大中城市的干线网络、面向东南亚、南亚国家和地区的国际及地区航线网络的三个轮辐式为主及城市对式结构为补的航线网络，形成以昆明长水国际机场为核心，保山、思茅、昭通、西双版纳、德宏芒市、丽江、大理、迪庆香格里拉、临沧等11个干支线机场为辅的省内机场群体系。

3. 配套的地面快捷运输系统

在机场群区域内，有配套的地面快捷交通运输系统，为机场群内各机场提供便捷的集散运输，也为中心机场与各"卫星"机场之间的客货转运提供便捷运输。例如，在长三角都市圈内，上海市为东部地区的水陆空铁交通枢纽，依托区域内的高速公路网和城际轨道交通网，形成以上海浦东机场为核心，上海虹桥、南京禄口、杭州萧山、宁波栎社、苏南硕放等11个干支线机场为辅的都市圈机场群体系。

二、多中心机场群

该结构模式与都市圈中的"双城"模式相辅相成，两个或多个机场分布于行政中心和经济中心分离的区域内，机场之间有高速公路、铁路形成复合型交通联络通道，相互之间运营规模、区位优势和发展定位相当，彼此市场交织，普遍存在激烈的竞争关系，每个主要机场周边都分布有数量不一的干支线机场，形成主干互补的多中心机场群。

根据我国机场分布及其特点，我国具备基础条件可以组成多中心机场群的有：成渝地区以重庆机场和成都机场为双中心的机场群，以及珠三角地区以香港机场和广州白云机场为双中心的珠三角机场群。

第四节 机场群协调运行的成本效益分析

借助成本—收益分析，可从总体规模和数量上反映机场资源发展的有序整合与协调程度，也可更加直观地反映机场之间的协调作用与平衡关系，全面体现机场群建立之后所带来的整体经济效应。

规模经济，即在生产过程中，随着投入成本的增加以及生产规模的扩大，每一件产品会分摊生产成本，从而降低产品的边际成本，而这也就是一般意义上的规模效应。众所周知，规模经济是技术效率、体制效率、管理效率的综合体现。在现代社会体制下，规模经济的作用以及对区域经济和企业发展的推动

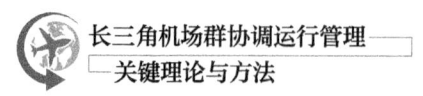

作用越来越重要。无论是集团化企业的出现还是区域发展集群的出现，都是规模经济在现代区域经济以及企业发展中的体现。规模经济除了体现在生产成本降低以及资源要素利用效率的提高之外，还体现在对科技发展的促进以及资源配置效率的改善。由于区域内资源要素的流动性提高，特别是人才流动的活跃性，使得区域内的企业可以各取所需，从而优化企业内部人力资源以及各要素资源的配置，最大限度地提升企业自身的创造性以及资源的利用效率。同样，机场群的建立亦是如此。基于机场群协调运行的成本收益综合分析，本章认为在规模经济的约束下，应该优先发展大型枢纽机场，以区域枢纽机场为核心带动周边中小型机场协调发展。当存在规模报酬递增时，在市场机制作用下，促进资源流动及利用效率的提升，从而降低每一个机场本身的经营成本，实现各机场之间的差异化竞争与可持续发展。

一、机场群协调运行成本的具体分析

机场群是区域内邻近多个机场的聚集地，形成机场群不仅仅受机场自身发展战略和机场之间内在关联性的影响，而且需要政府规划和相关优惠政策的支持，以吸引并促进机场群综合运输系统的空间集聚。从机场群出发，整合区域内各机场的成本主要包括以下几个方面：

1. 机场群协调运行管理费用

机场群协调运行，从前期协商到后期执行，从资金、土地到人力，需要相应的管理协调费用支持，可以归纳为以下三个方面的成本：

（1）前期调研费用

前期调研费用主要是指机场群协调运行时前期调研产生的成本。机场群的建设与协调需要充分考虑到市场需求、建设资源以及资金等各种情况。同时，由于区域内机场之间的功能相似性以及发展模式同质化，在前期调研过程中要充分考虑上述情况。除了利用政府自身的公共资源进行具体情况的考察外，还应该依赖市场的专业性优势，向专业机构以及优秀的服务咨询机构进行咨询，集思广益，形成一套完善、可行的建设方案，从而大大降低前期调研费用。

（2）中期协商费用

中期协商费用指机场群协调运行过程中协商、谈判、履行合同需付出的费用。政府和机场管理部门依据前期调研形成的可行性报告，与各机场参与方积极协商、谈判，达成协调运行合同，最终进行具体实施运作。机场群的协调运行是各方博弈的结果，其从长期而言是对于区域利益最大化的体现，但是必然会损害部分机场的短期利益，因此政府以及各方必须要明确机场群建设与协调的积极意义，减少对机场群建设的抵触心理，从而提高机场群建设的进程，减少协调费用。

（3）后期执行费用

后期执行费用是指机场群协调运行时产生的成本。各机场从形式上完成集群之后，并不等于整合的结束。首先，要针对现有区域内各个机场职能的转换以及作用和功能的变化，进行针对性的服务内容、人力资源以及部分基础设施的改造和完善。无论是政府还是机场管理方本身都需要针对未来机场的发展定位进行针对性的管理理念、方式以及资源配置和建设目标的重新架构。而这无疑要付出相应的管理费用，政府要对机场群协调运行过程中为集体利益最大化而放弃个体利益最大化的受损方进行合理的财政补贴。其次，各机场管理方相互之间进行协调运行时对财务、人员、组织结构整合时产生的费用。由于传统的企业文化很难实现统一，可以采取多种平行组织，允许各机场的运作基本保持各自特色，但是协调与控制的难度加大。

2. 政策制定成本

政府的政策制定是多方博弈与利益协调的最终结果。对于构建区域机场群系统这一对区域经济具有巨大促进与拉动作用的项目建设而言，政府在决策过程中，必然会首先从自身利益出发，考虑如何服务于地方经济的发展，但是与此同时又必须考虑区域内整体经济发展和机场建设功能性的协调。而这无疑造成了机场建设需求以及功能之间的冲突性。因此，在实际政策制定过程中，必须要依赖国家以及地方政府之间的积极协调，立足于多元化的区域内以及宏观层面的经济发展，从整体利益出发，寻求机场群建设的利益最大化。

3. 失败风险成本

风险总是伴随着收益而同步存在的，同样对于机场群建设而言，其本身依然面临诸多的困难以和阻碍，包括政策、市场以及机场内部等各方面的影响，从而导致整个机场群建设可能失败。因此，为了避免失败风险的出现，必然需要建立一套完善的风险识别、解决以及反馈机制，而这些风险控制机制的成本即失败风险成本。现有机场群建设与协调过程中可能存在的潜在风险包括：

(1) 机场管理各自为政，各机场之间关联度不高，未能形成集群效应

区域内各地政府纷纷兴建机场，导致机场重复建设现象较为严重。同时各机场管理各自为政，在市场机制不完善的情况下，彼此之间为了争夺客货源竞相采取恶性竞争。因此，尽管相互之间试图协调运行，也将造成其相互间合作成本高、合作效率低、整体竞争力不高的情况。

(2) 机场业务相似度较高，缺乏明晰的业务特色

我国航空运输市场由于发展起步较晚，市场竞争机制尚不完善，从业人员自身业务素质较低。许多地区盲目跟风，并没有充分考虑市场的需求而匆忙建设了机场，这无疑造成资源的巨大浪费以及机场服务质量和服务效率的低下。更为严重的是，由于对机场建设缺乏清晰的定位以及服务对象的准确选择，造成区域内机场业务相似度较高，彼此之间缺乏明晰的业务特色。在机场群建设和经营过程中，若各机场未能形成业务特色，则会出现机场群短期内仍比较发散，协调运行耦合度低，交易成本高、效率低等问题。

(3) 区域各机场之间未能形成全方位的服务体系

其一，由于各机场之间各自为政，不能形成相互分工协作关系，机场群的整体效益相对低下，不能充分发挥机场群服务体系的全方位服务功能。其二，若没有及时建立有效的风险投资机制，将使得机场群协调运行过程中不能吸引有效风险投资机构进入。

二、机场群协调运行效益的具体分析

区域机场群系统能够产生单个机场不可能达到的效益水平，究其原因是在区域机场群系统协调运行过程中，管理机构把协调重点放在各机场不同的具有一定优势的属性层面上，通过采取更加灵活、效率较高的运行模式、机场收费、航线航权政策和海关监管制度等，促使系统各个机场不同方面的属性相互适应、匹配而产生强相互作用，激发各机场之间有利协作的属性，抑制或消减不利属性，实现各机场优势互补。区域机场群系统协调运行产生的效益可概括为以下四个方面：

(1) 随着区域机场群系统的形成，相互之间可共享社会公共部门提供的服务和基础设施资源。同时，机场间协作体系逐渐趋于完善，可以大大降低区域机场建设与生产成本，减少由于资产专用性强而带来的合作风险。

（2）通过区域机场群系统的协调运行，可以提高区域机场群系统内资源的总体利用率。

首先，区域机场群协调运行后，根据地区经济发展及航空运输市场需求预测情况，在系统内不同机场之间动态分配客货运量，使每个机场得到与其设施规模和业务优势相适应的业务量，保证各机场高效运行和机场设施资源的有效利用。其次，构建区域机场群系统后，机场容量的扩充可以从整个系统的角度进行通盘考虑，核心枢纽机场容量因受到周围土地、噪声、空域等各方面条件的制约难以实施扩建，因而可以通过利用周边利用率水平较低的机场或对其进行扩建来间接达到机场系统扩容的目的。

（3）区域机场群系统的协调运行产生分工效应、集约效应、规模效应。

首先，机场群实施协调运行后，机场本身的职能定位要有别于传统的全面性功能，而是形成差异化、错位的竞争，形成小而精的建设与服务策略，进而保证区域内机场之间的协调与共同发展，转变传统的同质化的竞争局面，专注于特定人群、特定服务项目的服务需求上。其次，各机场根据服务项目和服务对象对机场各种设施和管理模式、机构等进行配套设置，促使机场向专业化、集约化、规模化方向发展。

（4）区域机场群系统协调运行后有助于提高区域机场系统的总体运营效率和竞争力。

首先，机场群系统通过实行功能划分、错位经营，专注于各自的服务对象和服务内容，有利于充分发挥系统内各机场的优势条件和能力，提高机场系统的整体运营效率。其次，依托高度专业化的机场管理机构，凭借其在机场运营管理领域长期积累的丰富经验、完善的治理结构和高素质的专业管理人员，保证系统内不同层次机场的协调发展和整个系统运营效率的提高。

第五节 机场群协调运行的基本原则

机场群协调运行是一项极其复杂的系统工程，既要果断决策又要反复论证、稳步推进；既要参照外国的先进管理模式，又要从中国的实际出发，需坚持以下原则：

一、可持续发展的原则

机场群协调运行过程中要坚持可持续发展原则,即形成能够实现资源节约、环境舒适、服务人性化、能与周边区域协调发展且社会经济效益良好的机场群系统。

通常资源节约包括节能、节水、节材、节地。此外,本书认为,通过构建机场群系统真正实现节空,即空域节约,对于我国这样一个空域资源紧张、民航发展迅猛的国家非常重要。其一,面对区域机场群系统,实施统一开发空域资源、分类使用的准则,在满足军航、民航运输的同时兼顾其他空域用户对空域的使用需求。其二,以系统内各机场流量为权重,按比例分配空域资源,设计各个机场的进离场航线。整个终端区设计以"突出重点、整体为优"为原则,安全上以"航线层次分明、垂直间隔调配"为原则,实现空域资源最佳配置。其三,增开平行航路,提高终端区流量。除空域规划和飞行程序设计统一管理外,还可以采取以下措施提高区域飞行流量:①建立完善的区域流量管理系统,理顺多机场区域内飞行秩序;②缩小跟进落地间隔,提高进场流量;③采取扇形离场,提高离场流量;④改善管制扇区管理方法,提高终端区流量。如以功能分区为准则的管制扇区方法具有增大单个空域单元内流量、避免飞行频繁转换波道和管制员指挥任务单一、劳动效率较高等优点。

构建机场群系统缓解了枢纽机场在运行中对周边区域造成的负面环境影响,如噪声、大气环境污染等,提高了环境保护意识,加快了机场及周边环境保护进程;构建机场群系统体现了"以人为本"的服务理念,为旅客提供快捷、方便、舒适的服务与环境;构建机场群系统不仅使机场本身受益,还能带动机场周边区域的社会、经济协同发展。一个可持续发展的机场群系统应具有良好的社会经济效益,成为具有市场价值的经济实体。

二、符合我国国情原则

构建区域机场群、实现多机场之间协调运行,是对现有机场管理体制改革的一次探索。在具体改革方案设计上,不能照搬国外的模式,既要科学借鉴又应认真探索,设计出符合我国区域机场群实际发展状况的改革方案,发挥创造性与创新性,争取以最小的代价稳步实现机场群管理与运营模式的转换,确保改革的到位与成功。

三、政府引导与市场配置相结合的原则

推动区域机场群协调运行应采用政府主导与市场配置相结合的办法。如长三角区域设立统一的行政管理机构，发挥引导作用，运用行政手段调控机场资源要素按市场规则组合；协调区域内机场所在地政府按照国家战略利益和长三角战略利益构建机场群系统，实现多机场之间协调运行，有效避免机场在完全自由的市场作用下产生的恶性竞争以及地方保护主义对机场群系统带来的负面影响。同时，还要发挥市场规律作用，各机场按照市场规则配置资源，以实现企业效益和集群利益最大化。

四、自愿平等、利益共享的原则

区域内各机场成员均为独立法人实体，相互之间的来往是自愿、平等、互利的，各成员企业始终拥有自己独立的决策权，而不受其他成员企业决策的左右。构建机场群系统，实现区域机场协调运行要基于所有机场的共同利益，通过协商将所有的利益冲突明朗化，确保有关各方的利益平衡。

五、龙头带动、优势互补的原则

在长三角区域内，上海浦东国际机场具有不可比拟的优势。在机场群协调运行过程中要充分发挥上海机场的龙头带动作用，建立枢纽机场与中小机场、强势机场与弱势机场互动机制，实现优势互补，增强机场群的整体发展能力。

六、分步实施、有序推进的原则

机场群协调运行涉及有关各方利益，在自愿互惠的基础上，分步实施，从机场部分资源的整合逐步发展为机场各种资源的整合，从松散的合作模式逐步演进为紧密的合作模式，从机场内部资源的整合逐步到机场外部资源的整合。

第六节 机场群协调运行机制

前文论述了区域机场群系统的形成原因、演化发展模型以及结构模式,在理论层面上展开机场群系统协调运行后的成本与效益分析。要把这种协调运行的可能性转变为现实的协调运行,还需研究运行机制。形成机制是实现区域机场群系统协调运行的基础,运行机制则是把可能性转变为现实性的途径和手段。

一、机场群协调运行理论机制

1. 区域机场群自主协调机制

各机场立足于自身的运营现状,经协商自发建立较松散的合作小组,解决各机场在协调运行过程中出现的具体矛盾和问题。该小组由各机场集团管理部门组成,由其中一个机场负责召集和协调,定期召开小组会议。合作意向可涵盖机场间信息共享、互相支援、统一程序、合并采购、人员交流、空管和机场基础设施建设等多个方面(见表5-1),共同研究和应对机场群协调运行过程中出现的问题,并探讨解决问题的方法和举措。自主协调机制只能针对各机场在生产运营过程中出现的具体事务性问题展开协作,无法从更高层面解决妨碍该地区机场间协调运行所共同面临的较深层次矛盾;同时,机场间所达成的一些原则性协议并不对各机场构成实际执行的约束。

表5-1 区域机场群合作意向表

合作意向	合作内容
信息共享	业务合作通道建设;业务人员培训和交流;基本信息和业务数据交流共享
互相支援	建立互为备降机场的相互支援机制;建立紧急援救等突发事件的相互支援机制及紧急援救资源共享机制
统一程序	建立相同的安检程序、流程,增加旅客的便利舒适程度
合并采购	合并采购用品及服务,提高议价能力

续表

合作意向	合作内容
人员交流	建立共同的培训基地，加强人才培训；交流经验，联手发展资讯科技项目
空域管理协调	协调区域空域管理，推行环境管理计划
基础设施协调	协调基建工程，避免资源浪费

2. 构建更高层次、集中的、统一的机场协调运行管理机构

鉴于机场群自主协调机制存在的内在缺陷，需要从更高层次建立起一个统一的协调机构，解决机场群协调运行过程中呈现出的无序竞争状态及一些深层次体制性矛盾。该协调机构由区域内各省市政府、民航局等政府部门和国家空管委、空军等军方相关部门的高层人员组成，主要职责是对该区域内机场群协调运行过程中出现的涉及发展战略、目标、市场定位以及各机场共同面临的较深层次的矛盾进行协调解决，包括空域使用、航权、口岸开放、重大配套基础设施建设等体制性问题。

3. 区域机场群系统信息共享沟通机制

就区域机场群系统而言，每个机场都是一个能够独立为用户提供服务的运输生产系统，同时又是区域综合运输体系中的子系统，与周边机场和其他交通方式之间发生着频繁的物质和信息交流。区域机场群系统要实现协调运行，就需要把自身与外部环境系统联系起来，处理好机场之间、机场与当地社会经济发展、与政府和公众等各方面关系。信息共享平台是实现上述目标的纽带与桥梁，高效的信息沟通是非常重要的途径。就机场运营现状而言，目前长三角各机场内部都建立了功能较完善的信息系统，特别是上海浦东机场，其先进的信息化系统全面解决了机场运作资料等问题。尽管在和航空公司、海关以及政府部门信息系统的互联互通方面还存在尚需改进的地方，但它已经为机场系统内部各生产部门提供了功能完善的信息沟通交流平台。尽管如此，各机场之间至今尚未实现信息系统的共享集成，各机场实施不同的信息化建设标准，互不兼容，不能实现信息资源在机场间的交流和共享。各机场事实上处于相互隔离的状态，这种现状已经成为制约长三角地区机场群协调运行的现实障碍因素之一。

4. 利益分配的补偿机制

合作机制下的利益分配原则，首先强调合作组织利益最大化，然后按补偿原则对参与各方的利益进行适当调整。机场群协调运行要兼顾各个机场所在地政府部门、机场运营商和职工的利益。要在协调运行之前，由各利益相关主体充分协商，签订对相对较弱的参与方的利益补偿协议。否则，在协调运行后，这些弱势参与方的利益很难得到保障。通过二次分配中的利益补偿机制，避免机场群协调运行后存在的利益分配不公问题，有利于实现和谐合作、可持续发展。

5. 要素流动的促进机制

建立人才、技术、资金等要素的流动机制，通过机场群内部人才的自由流动、交叉培养和内部调动，提升机场群的人才素质；通过技术转让、技术培训和技术外包等方式，提升机场群的技术水平；通过互相投融资、担保等机制，提升机场群的资金价值，实现区域内各机场在服务对象、市场定位、发展战略、管理模式、信息系统、空域使用、地面交通设施等涉及机场运营诸多方面的资源和配套服务的优化配置，形成新的区域机场群体系结构。

二、基于协同决策的机场群协调运行机制

1. 协同决策机制在航空运输领域的发展与应用

协同决策（Collaborative Decision-Making，CDM）是一种基于资源共享和信息交互的多主体联合协作运行理念。航空运输领域协同决策机制最初的构想，源于1993年美国联邦航空管理局（FAA）的航空公司数据交换试验。试验表明，当航空公司与空中交通管制机构即时交换运行信息，同时引入航空公司参与具体航班排序决策机制，FAA可以更好地改进空中交通流量管理决策。FAA的航管机构和航空公司间的信息交流，都是基于经典的协同决策方法，体现出协同决策的效益。2002年，FAA正式将CDM系统应用于空中交通流量管理中，其作为一种新型的航空合作系统，极大地提高了航班效率。

20世纪90年代，欧洲开始研究协同决策理念在机场的应用。欧洲空中交通网络管理机构欧控（EuroControl）与国际机场协会（ACI）和国际航空运输协会（IATA）共同制定了机场协同决策（Airport Collaborative Decision-Making，A-CDM）的规范和方针，2004年开始实施机场协同决策系统。该系统

主要涉及机场利益相关者，至少包括空管、机场和航空公司，旨在通过减少延误提高所有机场运营商的运营效率，提高飞行过程中事件的可预测性，优化资源利用，其核心为基于信息透明下的信息资源共享。2013年在35个欧洲大型机场实现机场协同决策机制，扩大了机场容量，准点率显著提升。

这些积极的信号显示了CDM机制的优势。2009年我国空管部门开始主导CDM的建设，主要侧重于利用协同技术和程序改进空中交通流量管理，涉及的参与决策者只有空管部门和航空公司。机场鉴于自己的信息化力量薄弱，虽然作为一个重要部分，并没有参与决策。

信息技术的快速发展极大地改变了我国民航运输业，这种改变是全面的、深刻的和革命性的。自2012年起，在行业内，A-CDM建设陆续在华北、华东、中南等地区开始正式运行。2012年11月1日，我国华北空管局试运行CDM系统，实施当月首都机场的航班平均正常率提高了3%，北京南苑机场航班平均正常率提高了近3%，天津机场的平均航班正常率提高了近4%，河北石家庄正定机场的航班正常率更是提高了将近8%。2012年，我国杭州萧山机场开始推行机场运行控制（Airport Operation Control，AOC）联席运行，指挥中心增设CDM席位，提出A-CDM决策机制，将机场地面运行从塔台移交给机场，形成机场、空管、航空公司三方联合、信息共享、资源统一调配的协同决策机制，着力提高地面保障资源效率、航班保障效率和机场整体运行效率。昆明长水机场以"资源能力是基础、信息畅通是核心、协同联动是根本、快速处置是关键"为抓手，其一打通省内机场、后勤保障单位、航空公司、监管局以及空管局等各信息群，为整个生产经营系统提供快速、精准、全面、直观的信息数据支持，提高管理效率；其二设立航班保障大运行指挥平台的协同联动，加强机场与空管、航空公司、省内各机场、省市相关管理与服务单位的整体联动，为航班正常工作形成联合保障局面奠定坚实基础。2014年12月10日，云南机场基于A-CDM的"长水常准"运行管控系统正式上线运行，该系统围绕"系统谋划、精细管控、真情服务"三方面实施运行，使得长水机场航空器保障时间平均缩短了20.5%；实现了85%以上的进港航班预计落地时间误差小于5分钟；将靠桥率提高到83%；减少了65%的机场指挥中心指挥人员电话询问量；当机场发生大面积航班延误时，可将其准点率提高到50%左右。长水机场在2015年航班放行正常率年度总排名居全国旅客吞吐量千万人次以上机场首位，即使在极端天气频发的 2015 年 12 月,仍排名第六。

2. 我国 A-CDM 与欧控 A-CDM 的比较及实施特殊性

我国 A-CDM 是在欧洲机场协同决策和流量管理概念的基础上建设的。从协同决策机制在我国现阶段的运行结果来看,CDM 系统实施效果显著,能够很大程度上加强对空中流量的管理,减少航班延误,提高空域资源及机场容量管理效率。但与此同时,受我国国情影响,我国机场协同决策系统(A-CDM)在建设和运行过程中仍然存在一些问题需要探索。

(1)我国机场跑道数量少且运行效率低下

根据国际机场协会和《民用航空运行参考咨询》发布的数据,2014 年全球起降架次排名前十位的机场及其年旅客吞吐量与排名、2014 年航班正常性、机场跑道数量及构形、跑道系统容量如表 5-2 所示。

表 5-2 2014 年全球起降排名前六位机场的基本运行参数

机场	起降架次(万)		旅客吞吐量(千万)		航班正常性(%)	跑道数量	跑道构形	跑道系统容量(架次/小时)	
	全球排名	年架次	全球排名	年旅客				VFR	IFR
芝加哥(美国)	1	88.2	7	6999	70.31	7	3 组不同方向平行	214-225	168-178
亚特兰大(美国)	2	86.8	1	9618	79.69	5	5 条平行	216-226	175-190
洛杉矶(美国)	3	70.9	6	7066	80.14	4	4 条平行	167-176	133-143
达拉斯(美国)	4	67.9	9	6355	73.43	8	2 组不同方向平行	226-264	170
北京(中国)	5	58.2	2	8613	26.38	3	3 条平行	80	60
丹佛(美国)	6	56.5	19	5347	72.86	6	3 组不同方向平行	262-266	224-243

注:VFR 指"目视飞行规则";IFR 指"仪表飞行规则"。

从表 5-2 可以看出,美国主要大型机场按照飞机起降架次排名遥遥领先。我国北京首都机场虽然旅客吞吐量全球排名第二,但是其飞机起降架次排名第五，仅相当于美国芝加哥和亚特兰大机场飞机起降架次的 2/3 左右，同时航班正常率只有 26.38%，排名第六。由于受空域限制、硬件配置、运行经验等因素的影响，我国与欧美等航空运输更为成熟的国家相比还存在较大差距，呈现出机场跑道数量少、容量低、运行效率低下的现状。因此，机场协同决策系统的建设、开发与升级迫在眉睫。

（2）国家围绕 A-CDM 的建设没有统一路线图和方向

国际民航组织已经制定 A-CDM 全系统信息管理的时间表：从 2015 年到 2017 年是第一阶段，主要涉及地面航班延误项目；第二阶段从 2017 年开始，除了第一阶段的内容，还涉及在多个空中交通流量管理系统直接进行相互连接，通过跨境方式解决空域局限性的问题；第三阶段建立起全球范围内完全相互联系的一体化空中交通流量管理系统。我国可以参考国际民航组织和欧控制定符合我国国情的 A-CDM 建设和发展路线图。

（3）机场、航空公司、空管之间数据交换成本过高

尽管机场、航空公司和空管部门已经建立起共享数据库，但系统的建设偏重对流量管理系统的开发，缺乏协同决策理念。同时，由于机场缺乏足够的数据支撑，并且系统数据的管理缺乏开放性。因此，航空公司和机场参与协同决策较为有限，导致一方面机场、航空公司、空管之间数据交换成本过高，另一方面抑制了 A-CDM 的建设进程。

（4）我国没有统一的中央流量管理机构

欧洲 1989 年成立了中央流量管理机构（Central Flow Management Unit, CFMU），在全国级、区级、终端级各设立一个协同决策中心协调席位，分别实现全国范围内协调各区之间的流量时隙分配规划及区域级的流量时隙分配规划；当需要跨区级协调时隙分配时，负责向上一级协同决策协调单位上报，实现时隙调整反馈、飞行计划更正、航路修正计划提交等工作。我国目前还未建立起全国性的空中交通流量管理系统，目前 A-CDM 的建设和运行尚未扩展到全国，仍只应用于单个机场，因此，未来在全国实施中央流量管理时将受各地区级系统之间的差异影响，造成 A-CDM 系统难以实现协同决策和统一管理。

（5）A-CDM 精细化程度不高，节点自动化程度不高

成熟的 A-CDM 系统的开发需要空管、机场、航空公司、气象等各保障部门共同参与，实现恶劣天气情况下的流量管理。数据共享是协同决策系统实

的基石,在这基础上各个参与者需要建立一个完整的、精细的、为所有流程参与者所认可的工作流程,依托技术投入和系统融合,注重各个参与部门流程的融合和反馈,提高各流程节点自动化程度。

3. 协同决策机制下机场群协调运行机制框架

(1) CDM 机制下实现机场群协调运行的物理要素

我国机场群规划理念在"两规划一会议"(全国民用机场布局规划、中国民用航空发展第十二个五年计划、2014 年全国民航工作会议)中提出,2014 年机场群空间范围发生变化,从基于我国民航地区管理局的现行行政管辖范围,转变为依托三大经济都市圈。

长三角区域机场群依托都市圈内成熟便捷的城际地面综合交通网络,能够实现圈内核心机场与周边中小机场"1~2 小时互通互达"。区域机场群可以看成是都市圈内一个超级、虚拟的大机场,即在长三角都市圈内,以复合型国际枢纽机场浦东国际机场为"核",周边中小机场作为这个超级虚拟机场分布在周边城市的跑道,在这样的物理架构下依托 A-CDM 机制实现区域机场群协调运行。

(2) CDM 机制下实现机场群协调运行的行政要素

CDM 机制下,机场群协调运行的核心要素包括:①所有的机场必须打破地方行政壁垒,成为一个利益共同体;②机场群协同运行顶层必须拥有统一的行政管理机构,负责指挥枢纽作用、参谋助手作用和对外协调作用;③拥有一个精干、高效、实用、创新的运行指挥平台,加强各保障主体之间的协调联动,打破信息孤岛,确保信息高效、及时传递是航班保障的关键所在。

(3) CDM 机制下机场群协调运行的技术要素

信息共享是基石,目前实现机场群协调运行的技术基础是打通空管、航空公司和机场几个运行主体之间的数据共享通道,核心即解决各运行主体间协同运行指挥、运行信息共享、全流程运行监控、预警预控、特情应对等重要问题,实现一体化的运行管理模式,为多方协同指挥、提升航班放行效率、把握整体态势提供有力的系统支持。

利益共享是保障,基于机场协会的公益性和权威性,构建以机场协会为主导的机场数据交换中心,以最公平、低成本的对等交换为原则,实现国家级中央流量管理机构、机场 A-CDM 和机场数据交换中心之间的通信。

（4）CDM 机制下机场群协调运行框架

CDM 机制下机场群协同运行框架是实现机场群协同运行的途径和手段，由"席位制管理、专业化保障、协同化运行"三方面组成，具体框架结构如图 5-4 所示。

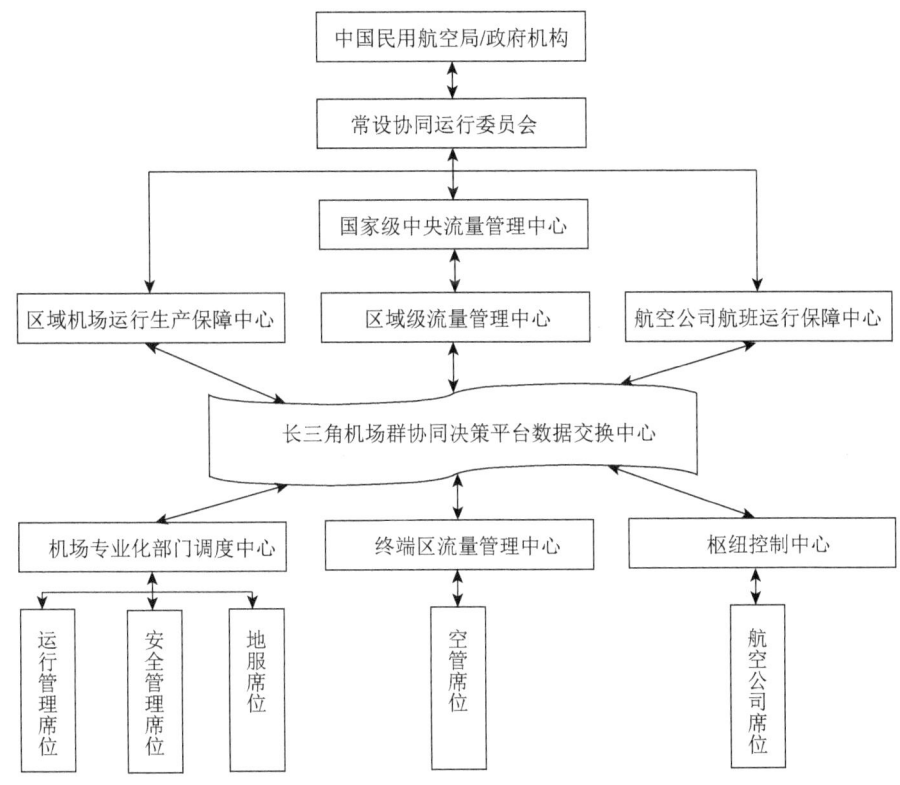

图 5-4　CDM 机制下长三角机场群协调运行框架

CDM 机制下机场群协调运行框架需要在国家层面的统一管理下，常设协同运行委员会进行一切围绕空管、机场、航空公司三方协同决策的协调工作。空管决策主体主要从国家级 – 区域级 – 终端级三级，进行空中交通流量优化控制和管理；航空公司决策主体实现每天航班计划的运营管理，当出现由于气象或机械等原因延迟或取消航班造成航班时刻变动时，及时提交最新的航班计划变更信息至中心数据库并调整航班时隙；机场决策主体在航班生产流程实施过程中，实时反映各航班的出发机场和到达机场的跑道和机坪使用情况，其目标是在空管决策指导过程中使得跑道维持适当的起降流量。在整个运行框架中，空管决策主体处于指导地位，发送某个机场的协同决策流量指令；而航空公司和机场决策主体处于决策地位，双方基于各自的目标做出决策，保障区域内各机场运行稳定和航班运行稳定。

席位制管理就是从物理界面和职责界面，将机场、空管、航空公司从横向上划分为若干模块，设立管理席位行使相应的管理职责，便于对运行业务工作进行指挥协调。各个席位都必须对决策主体的日常运营秩序、安全和服务保障行使管理和监督职责，对主体内的公共资源具有管理权和分配权，对主体内现场运行中发生的问题有决定权、监督权、知情权和处置权，对主体内发生的应急事件实施统一指挥。

专业化保障就是在纵向上成立专业化部门或公司，分别从标准事务、正常统计、安全技术等业务设置专业化支持模块，加大对运行指挥部门和区域性管理部门的后台支持，进行集约管理、机场商业、信息、航空服务等资源协同运行保障，为机场安全、高效运行提供专业支持保障。

协同化运行是该框架构建后实现的最终目标，机场群通过纵向构建机场群协同运行中枢管理系统，横向构建各机场区域管理系统，实现纵向专业化保障和横向区域化管理，协调处置区域管理部门之间、区域管理部门与专业化支持部门之间、区域内各运行主体之间的相互关系，保障机场运营的统一性、协调性和动态平衡性，最终实现协同化运行。

4. 协同决策机制下机场协调运行所带来的效益

实施协同决策的机场群协调运行机制所带来的核心优势是有效优化空中交通的流量管理，从而增加空中交通容量，提高空中交通流量管理效率。对于机场管理部门来说，机场群协调运行能够提升运行安全、降低维护成本、提高航班准点率、改善机场服务质量并刺激客流量的增加，从而增加机场收益；对于航空公司来说，机场群协调运行保障了航班运行的正常率，航班运行过程中减少了燃油的消耗量，积极响应民航碳减排战略，减少不正常航班导致的航班损失，提高了航空公司服务质量；对于空管当局来说，机场群协调运行增加了空中交通容量，改善了决策能力，增加了运行安全和运行效率，减轻了指挥工作量。

第七节 机场群协调运行管理模式

伴随着航空联盟的日益扩大、航空旅游联盟和航空货代联盟的建立以及全球性机场地面服务公司的崛起，机场业也会逐步走向联盟，形成更强大的竞争优势。

机场群协调运行下可利用的资源包括空域资源、航线资源、管理技术资源和设备物资资源。其中，空域规定了航空活动的飞行走廊和活动空间，决定了航线的空间地理布局，制约着机场起降飞机及机场之间的飞行通行能力；航线结构影响机场的布局和竞争，会诱发机场的航空活动需求发生变化；管理技术包括空中交通控制管理技术、飞机生产与航行技术、机场作业管理技术、机场集疏运技术；设施包括跑道、航站楼、停机坪等，物资比如航空煤油，它的储存分布与空间价格是影响飞行成本的最主要因素，直接影响飞机的活动强度。

鉴于我国机场属地化管理后机场资产结构多元化和管理体制模式多样化的现状，借鉴国际上"航空公司联盟"、伦敦、纽约、日本等几大机场群以及其他行业合作的成功经验，围绕"以枢纽机场为区域核心，依靠资源联动、优势互补、各得其所，获得整体最大效益"的共同目标，采取合作关系由简单到深层次的多元化管理和协调运行的合作模式，构建以区域枢纽机场为核心的机场群系统。在延伸合作广度与深度方面，机场群成员机场可通过协议的方式建立战略联盟，依靠行政力量实现产权归属的调整，以市场行为实现控股兼并，抑或以资产重组（股份制）为纽带实现机场间的交叉拥有与合作。

如图5-4所示，根据机场群内机场之间的合作关系紧密程度，机场群可以分为以下几种合作与管理模式：

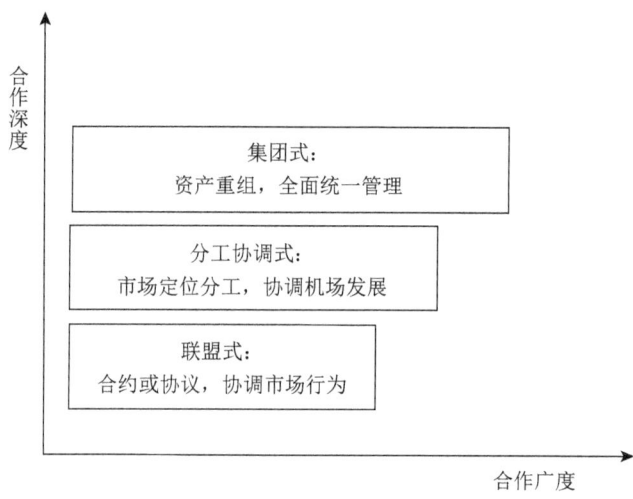

图 5-5 机场群内成员机场间的合作模式

一、"联盟式"机场群

"联盟式"机场群是区域机场之间比较容易达成共识的一种初级、半紧密型合作,指两个或两个以上的机场为了共同目的,通过合约或协议的方式建立的网络式联合体,旨在加强空域协调,统一航班飞行程序运行管理平台,缓解空域矛盾引起的相互制约,有助于减少空域流量控制引起的航班延误;或在市场方面采取联合行动,形成一致目标,共同应对环境变化。这种"松散"式合作的机场群没有过多涉及机场合作方利益,各机场保持原有的管理体制模式和资产管理模式,并保持独立运营。虽然对所属机场经营决策的影响力较弱,但由于各成员的战略利益一致,"联盟式机场群"可以通过相关机制协调政策及行动,统筹资源的开发利用,实现优势互补而取得利益的最大化。这种机场群没有特定的日常管理机构或者协调组织,通常由一家有区域影响力的机场"牵头",运用新型战略联盟模式实现机场之间资源共享、相互学习、取长补短,培养和巩固机场群的核心竞争力,属于"自治联盟"。

国际上正式以联盟形式出现的机场组织于 21 世纪初产生,它是在航空公司联盟出现并取得成功的诱导下形成。1997 年成立第一家全球性航空公司联盟——"明星联盟",随后"寰宇一家""优先联盟""比翼联盟"纷纷出现,并且取得了积极的成果，为航空公司带来了巨大的利益，如改进服务质量、提高运行效率、降低运行成本、提高营销优势及争取市场权利和合作定价优势。在此背景下，随着机场商业化、私有化的发展，发达国家的一些骨干机场为了提高竞争力和经济效益，也开始成立了一个名为"银河"的机场联盟。该联盟共有20家机场，其中北美5家、欧洲8家、非洲3家、亚太4家，以共同拓展全球货运业务为目标，在服务标准、成本规范和发展战略上协调一致，力求树立品牌效应。2000年年底，德国法兰克福机场和荷兰史基浦机场成立了名为"Pantares"的机场联盟，在旅客服务及配置、航空地勤服务、机场设施管理、信息及通信技术等方面展开合作。

在我国具有代表性的联盟式机场群主要有：以机场属地化改革为契机，西安咸阳国际机场于2003~2012年分别接收榆林、延安、汉中、安康四个支线机场，托管甘肃、宁夏、陇南、平凉等覆盖陕甘宁青四省（区）17个机场，各个机场自愿整合形成统一管理，成立了西部机场集团。2006年12月18日，杭州萧山国际机场与"全球最佳机场"香港国际机场进行战略性的全面合资合作，学习借鉴国际先进机场的管理经验，由此成为中国内地首家整体对外合资的机场，成为联盟式机场群的代表之一。2009年上海机场集团与香港机场管理局签署合作协议，组建上海沪港机场管理有限公司，受托管理上海机场集团所属的虹桥机场1号、2号航站楼，虹桥综合交通枢纽东交通中心与旅客流程相关区域，以及航站楼商业零售业务。沪港机场的合作，积极引入了香港机场丰富的枢纽机场运营管理经验、技术和品牌，并充分发挥两地机场各自优势，提升上海机场的运营效率和管理服务水平。2010年东北四大机场（黑龙江、吉林、辽宁、大连）签署《合作框架协议》，正式成立东北四大机场高层论坛，首次联手打造战略协作平台，将分别从区域规划、市场营销、信息管理与政策研究及机场应急救援互助四个层面策划实施合作。2010年7月，泛珠三角"9+2"区域近60家机场联合签署《泛珠三角机场战略合作行动纲领》和《泛珠三角机场合作与发展论坛章程》，标志着中国最大规模的区域机场联盟由此出现。但是，上述机场联盟从机场群的共同服务区域特点以及统一航班运行等要求看，还不完全是机场群。

"联盟式"机场群的形成，不仅有助于区域内机场管理及经营效率的提升与改善，促进彼此之间在合理框架协议内的共同发展以及协调与配合，解决彼此之间因同质竞争所带来的管理成本上升以及服务质量下降的问题；更为重要的是，充分调动区域资源的流动性，优化资源配置，更好地发挥不同地理位置以及区域内机场各自的专业优势和区位优势，从而在形成规模经济效益的基础上，有效降低生产成本与资源利用边际成本，真正带动区域经济的可持续发展以及航空运输效益与机场间共同利益的最大化。尽管"联盟式"机场群所带来的经济效益、服务质量的提升显而易见，但是受制于各个机场之间的利益博弈以及在实际机场群中的角色和分工不同，若缺乏有效的协调沟通，容易导致彼此之间的内在冲突，无法真正达到物尽其用，从而导致各方经常处于一种相互对立的气氛中，最终迫使战略联盟解体。

二、"分工协作式"机场群

"分工协作式"机场群是成员机场在较深层次上达成共识，并根据其运营特点、区位优势和既有市场优势，以互利互惠为原则，在充分协商并达成共识的基础上，各机场进行市场定位和市场协调，对航线和航班时刻进行统筹，在区域市场、机场发展等方面统筹规划和协调发展。在机场群管理方面，成立联合管理机构，以便统筹协调机场群内部管理和规划发展，各成员机场保留现有管理体制和运营模式。这种机场群的重点在于协调市场和机场之间的发展，保障各成员机场在共同协调发展过程中各得其所。

表5-3为国外多机场系统协调运营、细化市场定位和主要服务目标市场，充分体现了各机场之间市场定位和协调、分工协作的发展战略。主要从五个方面协调：按通航地区、航线属性划分，可满足区域内、国内、国际旅客的各种航空出行需求；按航线距离划分，航程通达范围涵盖短程、中程和远程航线；按航空公司枢纽化运作模式划分，航空公司在枢纽机场形成成熟的中枢航线网络；按航空运输业务划分，航空产品与服务主要包括货运、邮政快递、公务航空、低成本航空、通用航空和专机、包机等，形成完善的全球货物链、商务旅游链等。

表 5-3 国外多机场系统市场分工表

都市区	机场管理当局	机场	机场等级	目标市场
伦敦	英国机场集团	希思罗	枢纽机场	主营除北美和加勒比之外的国际航线
		盖特威克	二线机场	主营北美和加勒比的国际航线
		斯坦斯特德	二线机场	主要供低成本航空公司瑞安航空公司
		卢顿	二线机场	假期包机、低成本航空公司 Easyjet
		伦敦城市	二线机场	主营金融地区的航线
纽约	纽约新泽西港务局	肯尼迪	枢纽机场	主要供达美、美利坚航空公司使用
		拉瓜迪亚	二级机场	主营国内和来往加拿大的航线
		纽瓦克	二级机场	主要供大陆航空公司使用
巴黎	巴黎机场集团	戴高乐	枢纽机场	主营国际航线
		奥利机场	二级机场	国内、非洲和加勒比、假日旅游航线
		勒布热	二级机场	主营货运市场
华盛顿	—	华盛顿国立	主要机场	运营航线距离在 1200 英里内
		杜勒斯	起降第一	主要供美联航空公司使用、运营航线距离超过 1200 英里
		巴尔的摩	吞吐量第一	主要供西南航空和穿越航空公司使用
多伦多	—	皮尔森	枢纽机场	主营航空旅客运输
		汉密尔顿	二级机场	主营航空货运、航空快递业务
蒙特利尔	蒙特利尔机场当局	特鲁多	枢纽机场	主营航空客运运输
		米拉贝尔	二级机场	主营航空货运和旅游包机业务

三、"集团式"机场群

一些大型机场通过收购或者股份制方式，兼并区域内相邻机场，成员机场按照市场经济规律，在政府的引导下，根据各自的资源优势通过资产整合或重组（股份制），形成机场群运作机制，从而形成更深层次、更广层面、更紧密的合作关系，实现各机场的共同建设、运营和管理，实现利益共享、经验和技术转移。资产重组模式多样化，如表 5-4 所示，选择合适的资产重组模式，以适应资本扩张式发展的需要。

兼并是企业发展过程中受提升竞争力的驱动，运用市场力量实行企业间重组的行为。通过资源的优化配置使生产效率更高、成本更低、市场占有份额更大，从而获得更高的效益。通过收购兼并或股权调整，使机场集团能真正达到控股其他机场，并能有效贯彻股东意志、对其经营决策起支配作用，如统一资产管理与增值经营、统一机场发展规划和基础设施投资、统一运行管理、统一机场经营管理。人力资源方面，可以通过集团内人才的网络化管理及调配，减少机构层次和编制，提高工作效能；财务方面，可以通过集团内部的统一结算、资金的统筹调度和安排，提高资金使用效率；对部分成员机场而言，又可保持一定程度的自主经营范围。这种模式凸显了集团的整体优势，集团化效益明显，同时在更大程度上有利于充分发挥区域内各机场的优势和资源效用，更多地专注于机场发展和盈利能力的提高。集团式机场群的管理通常由一权威机构担当，目前国际上主要机场集团及下属机场情况如表5-5所示。

表5-4 资产重组模式表

模式	内涵
债务式	在目标企业资债相当或资不抵债情况下，兼并企业将被兼并企业的债务及整体产权吸收，以承担被兼并企业的债务为条件实现兼并，兼并交易不以价格为标准，而是以债务和整体产权价格之比而定。
出资购买资产式	兼并企业出资购买目标企业的资产，一般以现金为购买条件，将目标企业的整体资产买断，购买只计算目标企业的整体资产价值，并依其价值确定兼并价格。
吸收股份式	被兼并企业的净资作为股金投入兼并企业，被兼并方相当于以实物或企业整体产权与兼并企业合资，或投资于兼并企业；如果兼并企业是一个有限责任公司，就相当于用被兼并企业的产权去购买兼并企业的股权。
控股式	兼并企业通过购买被兼并企业股票或股权达到控股地位，以控制被兼并企业的生产经营行为。
二级市场收购	并购公司通过二级市场收购上市公司的股权，从而获得上市公司控制权的并购行为。
投资控股	收购公司向被收购公司投资从而将其改组为收购公司的控股公司的并购行为。收购公司向被收购公司追加投资并以之为持股基础，被收购公司的所有者以其净资产作为并购公司的产权持股，并购后被收购公司成为收购公司的绝对或相对控股子公司。
资产置换	企业用其自身闲置的资产，或目前尚能使用、但根据企业调整发展战略的意图将来不再使用的资产，与企业自身发展所需要的资产相交换的活动。
借壳上市	集团公司或某个大型企业先将一个子公司或部分资产改造后上市，然后再将其他资产注入，达到整个集团公司上市的目的。

续表

模式	内涵
买壳上市	非上市公司通过证券市场收购已挂牌上市的公司,再以反向收购的方式注入自己的有关业务和资产,达到间接上市目的的一种企业并购行为。买壳上市的过程不仅是控股的过程,也是两个企业合并的过程,通常收购公司与目标公司融合后,目标公司不再独立存在,收购企业可以自己企业名称改变原有企业名称,并获得目标公司的财产权、所有权等其他权利。
托管经营	企业资产所有者根据一定的法律,将企业全部或部分资产的经营权、处置权等以契约形式,在一定条件下和期限内,委托给具有较强管理能力并能承担经营风险的法人和自然人去运作,以实现企业资源的再分配及委托资产的保值增值。

表5-5 国际上主要机场集团及其下属机场

机场集团	合资或控股机场	参股25%以上(含BOT)	委托管理机场
英国机场集团	希思罗(英)、盖特威克(英)、斯坦斯特德(英)、格拉斯哥(英)、爱丁堡(英)、阿伯丁(英)、南安普顿(英)、那不勒斯(意)	西埔(阿曼)、萨拉拉(阿曼)	印第安纳波利斯(美)、匹兹堡(美)、毛里求斯、墨尔本(澳)、朗塞斯顿(澳)、铂斯(澳)、达尔文(澳)、艾利斯普林斯(澳)、滕南特克里克(澳)
史基浦机场集团	史基浦(荷)、鹿特丹(荷)、Lelyslad(荷)、埃因霍温(荷)	布里斯班(澳)	—
巴黎机场集团	戴高乐(法)、奥利(法)、勒布热(法)	马达加斯加、圭亚那	埃及、柬埔寨、墨西哥
哥本哈根机场集团	哥本哈根(丹)	新卡斯特(英)、Ryggs Sivile(挪)	
法兰克福机场集团	法兰克福(德)、汉诺威(德)、萨尔布吕肯(德)、哈恩(德)	利马(秘)、安塔亚(土)、马尼拉(菲)	
西班牙机场集团	巴塞罗那、马德里等西班牙43家机场	阿瓜斯卡连特斯、巴希奥、墨西卡利、莫雷里亚等墨西哥12家机场、巴兰基亚等哥伦比亚2家机场、怡和德尔雷(古巴)	
澳大利亚Macquarie机场集团	悉尼(澳)、布鲁塞尔(比)、布里斯托尔(英)、伯明翰(英)	罗马(意)	—

注:BOT指"建设—经营—转让特许经营权"(Build-Operate-Transfer)。

我国机场的集团化起步较晚,在机场属地化改革的推动下,我国通过行政力量、承债、资产收购等方式涌现出规模不等的区域性机场管理集团。除首都机场集团外,多数集团成员还局限于省内,集团内资源的互补性不强,集团内缺乏统一协调发展战略,集团内部尚未建立有效的组织运行机制,资源的组合度不高,优化配置的效应还未明显地发挥出来。这既是劣势,也是优势。一旦集团化的组织运行机制完善,目前蕴含的巨大潜力将得到有效挖掘,机场的群体效益将得到较大改善,竞争力也将明显增强。

第八节 机场群协调运行的政策与建议

随着国内社会经济发展,我国民航运输业发展规模越来越大,特别是对机场吞吐能力、航班时隙和空域资源的需求压力越来越大。由于多跑道机场的增多和机场密度的增加,区域内航班飞行程序协调复杂性越来越高,对航班运行安全、机场服务质量和航班运行效率的影响越来越大。根据发达国家民航发展经验,国家民航局在两个《规划》中及时提出了构建机场群的战略,这有助于我国民航运输业的健康发展和民航资源的运用效率。为推进我国机场群的发展,提出以下建议:

一、政府引导,政策配套

根据目前我国政府和民航业的管理体制特点,在推进实施"机场群"战略过程中,国家改革与政府引导的作用至关重要。

1. 建立具有相当权威的长三角地区机场群发展协调机构

由于现阶段长三角区域发展已经初步形成了一定的互相合作及协调机制,并且在行政体制方面,整体长三角地区都已经形成了良好的沟通与交流制度。尽管如此,由于各自行政以及制度之间的差异性,特别是省市与直辖市之间行政管理的差异性,长三角地区本身的协调沟通成本较高。由此,就需要建立相应的机场群发展协调机构,由中央政府进行统一协调安排,并创立系统的协调制度,包括制定协调原则、明确协调目标和建立协调机制三个方面,由中央政府协调地方政府的行为及其利益关系,建立区域之间的合作制度,实现基础设施共建共享。

2. 改革政府官员的考核指标，促进区域机场群的协调发展

我国传统的政府官员绩效考核，更多的是看重地区经济增长和某一点的GDP增长状况，并没有充分从宏观层面和长三角整体区域经济发展的利益考虑。而这无疑非常容易导致囚徒困境下区域中各地官员的非合作均衡。因此，要想真正改变传统的省市之间的利益争夺，将竞争性转变为合作性，就必须要消除区域间合作和一体化中的以邻为壑行为，改变传统的官员考核制度，真正将区域经济发展和将地区利益作为考核的重要指标，鼓励以及培养官员之间的合作意识与协调能力。只有这样才能够真正促进长三角区域机场群的协调发展，避免恶性竞争以及过于看重本市或是本区域经济发展的短视行为。

3. 深化机场管理体制改革，突出发展战略重点，促进区域机场资源整合

进一步深化我国民用机场的行业管理体制改革，中央政府和国家民航局加强对民用机场发展的领导。特别是在机场改扩新建过程中，针对目前空域容量紧张、机场繁忙航班延误现象严重的重点区域机场，从国家的全局利益出发，结合国家综合交通、枢纽机场和枢纽航线网络发展战略重点，中央政府和民航局加强对机场属地政府的协调和政策引导，协调利益关系，促进区域机场联合和综合交通发展。同时严格控制航空运输繁忙地区机场发展规模、基础设施建设项目投资审批，促进区域机场加强深层次合作和资源整合，推动国家机场群战略实施。

4. 政策配套，加强资源调控，促进区域机场合理定位和资源整合

在政府的政策引导和加强对机场发展规模控制的基础上，结合国家枢纽机场和航线网络发展战略，对空域、航权、航线、航班时隙等重要资源进行协调，并给予相关政策支持，如重点基础设施建设审批、机场用地、口岸开放、航权审批等政策，促使区域机场规划发展合理定位和专业化分工，促进区域机场资源整合，逐步实施国家民航局两个《规划》的机场群战略。

二、行业协调，落实措施

为稳步推进两个《规划》机场群战略实施，在上述的政府引导和相关政策配套基础上，民航管理部门采取积极而具体措施，加强对机场、空管和航空公

司行业管理的统一协调，形成"围绕一个目标（实施机场群战略），统一落实行动（空管、机场、航空公司的行业管理部门）"的联动调控机制：

（1）加强对机场发展规划和建设项目的审批；深化机场收费政策改革，对机场的高峰时段、区域性、机场规模等实行差异化收费，引导航空公司增开周边中小机场航班。

（2）加强航线和航班计划审批，促进机场群成员机场的合理定位和专业化发展。如机场群中心机场国际航线、远程航线优先，限制进出机场群的非枢纽性短程航班和时隙分配。

（3）空管部门加强对区域机场，特别是多跑道机场飞行程序的审批认证，加强对区域航线的审批，以充分发挥区域空域的合理利用。

（4）促进机场群内各机场之间的地面快速交通通道建设和综合交通建设。

三、加强研究，循序渐进

如同上述相关章节的分析和研究，国外机场群的形成和发展也是经历了不同的历史阶段。因此，我国在推进实施机场群战略、构建真正意义上的机场群，需要进一步开展和加强相关政策、理论与具体举措的研究，选择重点区域进行试点，允许不同形式、不同程度的区域性机场资源整合，循序渐进，逐步总结提高，推动我国机场群的健康发展。

四、合理定位，错位发展

中央政府和行业主管部门，通过对机场设施规模、航线、机型、航班等政策调控，加强对机场的发展定位引导，抑制一些机场和地方政府"大而全""小而全"的贪婪性经营思维，引导区域内各机场"有所为、有所不为"的错位发展。

本章小结

本章全面探讨区域机场群形成的内在机理、演化发展模型和结构模式、协调运行机制、管理与运行模式及区域机场群发展的政策建议。

首先，区域机场群系统产生有其比较深刻的背景条件，是应对航空运输业快速、聚集发展的一种积极反应,是顺应航空公司联盟的积极响应;同时,低成本航空公司的发展促使二级机场的崛起,高度发达的综合地面交通系统为构建区域机场群系统提供物理条件。借鉴机场生命周期理论和多智能体、多机协调以及协同决策理论,提出机场群系统演化模型——时间演化模型和多智能体反馈演化模型。时间演化模型认为机场群的形成和发展具有时序性,可分为机场独立发展阶段、机场间竞争阶段及机场群稳定发展阶段。多智能体反馈机场群系统演化模型认为机场群的演化在协调机制的作用下由六个智能体——航空旅客运输需求生成、航空公司决策过程、机场规划部门、现有机场、民用运输机场投融资主体、机场群系统相互影响而形成。本章还总结出两种机场群结构形态以及各自的特点。和传统机场运营方式相比,构建区域机场群所需的成本是有限的,主要有政策制定成本、机场群系统协调运行管理费用、失败风险成本三个方面。区域机场群系统产生的潜在效益是显著的,随着区域机场群系统的形成,可以大大降低区域机场建设与生产成本,减少由于资产专用性强而带来的合作风险,可以提高区域机场群系统内资源的总体利用率,有助于提高区域机场系统的总体运营效率和竞争力。

其次,提出构建协调运行的区域机场群系统的基本原则,以及将区域机场群系统由设想转变为现实的途径和手段。最后提出区域机场群管理与协调运行模式——"联盟式"机场群、"分工协作式"机场群、"集团式"机场群及区域机场群发展的政策建议。

第六章 总结与展望

第一节 全书研究总结

本书对我国现阶段航空运输业发展现状、机场业面临的新形势与挑战以及长三角地区机场在运营过程中出现的矛盾进行了全面阐述,认为构建协调运行的区域机场群系统是解决这些问题与矛盾的有效途径。同时《全国民用机场布局十一五规划》《中国民用航空发展第十二个五年规划》中提出构建机场群这一新目标,表明有关构建区域机场群的相关研究将成为我国今后一段时间的研究重点,是关系到我国民航运输业发展大方向的研究领域。本书就构建协调运行的长三角机场群进行了研究论证,现将主要内容总结如下:

一、主要研究工作

1. 相关文献综述

在大量阅读国内外相关文献基础上,对机场群协调运行管理模式、民航运输与区域经济的互动影响、机场航空客流分布、机场运营效率评价方法研究的历史、现状和前沿动态进行详细阐述,并对相关文献做了较为系统的归纳与整理,分析各类研究的特点,指出存在问题和不足。

国外学术界的研究主要是围绕规划区域多机场系统,属于机场的事前规划范畴,基本没有涉及区域范围内既有多个机场的发展运营该如何协调运行等问题。国内有关机场群协调运行管理的研究,主要集中于对经济区域内机场群在发展过程中出现的表象问题的陈述,并主要从宏观层面提出了解决方案,研究方法以定性、对比分析为主。研究缺乏理论方法系统的支撑,缺乏对问题产生以及解决方案的机理分析,从而降低了研究成果的说服力与学术价值。

国内外学者围绕机场协同决策模型的研究,主要集中在时隙分配模型和机制的研究、时隙分配求解优化算法以及空中交通流排序的研究,国内研究视角经历了由理论方法基础研究到构建时隙分配模型、由构建时隙分配优化模型到采用人工智能算法进行求解、由单机场进离场交通流排序到多机场进离场协同排序的逐渐演变与发展,研究成果为机场群协调运行方法研究提供了新的方向。

民航运输与区域经济之间是双向影响的,以往研究集中于民航运输对区域经济的单向影响,民航运输与区域经济双向互动影响的机理和评价方法是值得继续深入研究的又一领域。

国外有关航空客流节点分布的研究,主要采用各种形式的离散选择模型,考虑航班频率、机票价格、到达机场的地面交通时间等诸多因素对旅客选择机场的影响,计算旅客选择机场的比率,由此计算旅客分布结果。西方国家有专门的调查机构,对众多的旅客做详尽的调查,为研究积累了宝贵的基础数据,这一统计优势却成为制约国内进行相关研究的重要因素。

国内外学者对机场运营效率的评价大多采用数据包络分析法,评价指标忽视了机场运营过程中非期望产出——航班延误、噪声、有害排放物等对机场运营效率的负面影响。通常只涉及一系列期望产出指标,研究结果为:机场"规模大、运量多、起降忙",则机场运营效率高。目前,将非期望产出指标纳入机场运营效率评价体系的研究国外很少,国内几乎没有。

2. 什么是基于枢纽机场协调运行的区域机场群系统?

本书对国内外学者有关多机场系统的概念进行简要总结,概况出相互间不同的着重点,使得读者对区域机场群这一运营模式有了大致了解。通过对比分析确定以长三角多机场区域为研究对象,采用数据分析法阐述了现阶段长三角地区机场运营现状的不足之处和面临的矛盾,表现如下:①长三角各机场管理各自为政,造成协调工作滞后,效率低下,缺乏整体规划;②主要机场间的运营状况竞争性远大于合作性,从对机场定位、发展战略目标、实施方案、业务开展和服务市场选择等方面来看,趋于同质化经营,无法体现枢纽机场的核心引导作用；③航空业务量过分集中于核心城市的主要机场，造成这些机场资源紧张，并且受制于机场发展空间、环境压力却无法实施扩建以满足地区经济增长对航空运输的需求，而与此同时，周边中小机场因运量不足导致资源的利用率水平长期处于较低水平或者波动很大，设施闲置现象比较严重，政府不得不投入大量资金进行扶持。面对上述种种不利于区域航空运输业可持续发展的现象，本书提出构建区域机场群系统的设想，认为充分发挥该地区各机场资源、构建协调运行的长三角区域机场群系统，是解决这些地区机场发展所面临矛盾的有效途径。

本书所研究的区域机场群在建设和规划时没有按照机场群的理念和管理模式建设，这就使我国区域机场群的建设与管理难以借鉴国外多机场系统的经验或教训，而必须依托区域经济的发展战略及规划，服从于区域航空经济活动的聚集与分布需要，以提高机场资源利用率、缓解航空交通拥堵、提高城市综合实力、航运国际与区域竞争力和客货物流运行效率为目标，在整合过程中积极探索出基于自身特点的发展模式。本书认为，区域机场群系统应满足以下几个条件：①在已经建成的现有机场或者规划建设的新机场基础上形成的群体；②这些机场分布在经济区，跨地域的多个城市中；③机场之间存在鲜明有序的等级结构，拥有一个或多个核心机场，其余为中小机场；④机场之间拥有成熟便捷的地面交通，各机场与核心机场相距250公里或相距2小时车程。

3. 为什么要构建协调运行的区域机场群系统？

本书从三个方面分析构建协调运行的区域机场群系统的必要性，分别是区域经济、产业结构与民航运输发展的互动关联性、机场分布密集区航空客运分布特征以及基于非期望产出的机场运行效率评价。

第三章第一节对区域经济、产业结构与民航运输发展的互动关联性研究方面，选用长三角地区各机场客货吞吐量、各地区及区域国内生产总值指标，运用协整关系、格兰杰因果关系检验方法，对区域经济、产业结构与航空运输市场的因果关联性进行了深入分析。结果表明，长三角机场客货运量及各地区机场客货运量与区域经济及地区经济增长有着较为密切的联系。具体而言，长三角区域经济增长促进了长三角机场群以及各地区机场的建设，各地区经济增长也促进了区域机场群和各地区机场的建设。同时，区域机场群也拉动了各地区经济的增长。相对而言，在促进经济增长方面，机场群比单个机场更具优越性。

第三章第二节中提及传统研究对航空客流分布特征进行分析的大多采用离散模型,一方面需要大量的统计数据,另一方面也无法对交通网络的空间因素影响加以考虑,通常假设每一个机场都具有明确固定的市场区域,每一个市场区域都是一个单一机场地区,其分析效率和分析效果往往不尽如人意。本书则采用了连续平衡模型的处理方法来进行分析。其中,交通平衡分析模型借用经济学供需平衡理论,寻求不同环境下交通系统提供的服务和需求之间的平衡关系。当交通网络中的出行者不能通过改变路径而缩短其出行时间时,交通网络上的交通流就达到平衡状态。连续型交通模型将路网系统抽象为平面二维区域,假设交通网络属性的变化是微小的、逐步过渡的,因此属性函数可以用光滑的连续函数表示。同时,区域内交通需求连续分布产生,简化了参数要求,提高了计算效率,计算结果更为直观。在构造机场属性函数时,引入旅客心理因素,从社会心理学角度将旅客选择机场的心态分为个体心理和从众心理。最后结合经济学供需平衡理论,建立了基于最小出行代价的航空旅客空间连续平衡选择模型,并运用有限元算法对模型求解。结果证明了连续法在模拟多机场地区的航空旅客客流分布方面的有效性,以长三角地区为例显示旅客客流主要集中于枢纽机场或主要机场,会导致各机场出现业务量贫富不均的现象,从而呈现出"马太效应"。

第三章第三节分析影响了长三角地区航空客运量的因素。科学预测长三角地区航空客运量成为促进机场群协调运行、区域民航协调发展的基础,以此为切入点研究区域航空客运量影响因素。研究结果显示,入境旅游人数、铁路营运里程和铁路客运量是影响长三角区域航空客运量的三个主要因素;航空运输交通成为旅客出入境旅游出行选择的首选;公路营运里程因素无法影响长三角地区航空客运量,长三角地区航空客运量是带动区域铁路客运量人数变化的单向原因,由此反映出长三角区域航空交通方式在远距离出行活动中承担着越来越重要的作用,区域内空铁衔接交通模式已初步形成,但是地空铁综合交通运输体系有待进一步发展和完善。研究结果为科学预测民航客运量奠定基础,最终达到合理分配长三角地区航空运输资源的目的。

第四章围绕长三角区域机场运营效率进行评价分析,将延误起降架次作为非期望产出指标纳入机场效率评价体系,以非期望产出要素为切入点评价机场效率，阐释构建协调运行的区域机场群系统的必要性。传统有关机场运行效率评价方面大多采用数据包络分析法，评价指标只涉及基础设施投入规模及客货吞吐量等一系列期望产出指标，认为机场"规模大、运量多、起降忙"则机场运营效率高。忽视了机场运营过程中非期望产出——航班延误、噪声、有害排放物等对机场运营效率的负面影响。本书统筹考虑机场运行过程中的非期望产出要素——延误起降架次，运用非参数方向距离函数法构建基于非期望产出机场运营效率评价模型，对2010年长三角地区10个主要机场的运营效率进行评价，并与传统研究思路评价结果进行比较分析，验证基于非期望产出机场运营效率评价模型的合理性与有效性。得出了如下研究结论：①引入非期望产出要素后，能够全面科学地评价机场生产运营效率，有效识别机场运营能力；②非期望产出是影响机场运营效率的关键因素之一；③不同规模机场的生产运营效率与其规模之间并不存在正相关关系，机场运营规模大，其运营效率并不一定高。

以上研究从客观上分析了为什么要构建区域机场群系统，为如何构建协调运行的区域机场群系统奠定了理论分析基础。

4. 如何构建基于枢纽机场协调运行的区域机场群系统？

第五章首先分析了区域机场群形成的内外原因，提出区域机场群系统产生有其比较深刻的背景条件，是应对航空运输业快速、聚集发展的一种积极反应。其次构建了区域机场群演化发展模型和区域机场群结构模式。借鉴生命周期理论分别从形成—发展—成熟三个阶段构建基于时间演化的机场群系统演化模型；借鉴多智能体理论提出基于多智能体反馈的机场群系统演化模型。再次分析了机场群协调运行的成本和效益，通过分析发现区域机场群系统产生的潜在效益是显著的，随着区域机场群系统的形成，可以大大降低区域机场建设、生产、运营成本以及合作风险，可以提高区域机场群系统内资源的总体利用率，有助于提高区域机场系统的总体运营效率和竞争力。最后从运行层面提出构建协调运行的区域机场群系统的基本原则，以及将区域机场群系统由设想转变为现实的途径和手段。其一着重提出了基于协同决策机制下机场群运行模式，构建了CDM机制下长三角机场群协调运行框架；其二提出了三种区域机场群管理与协调运行模式，分别是"联盟式"机场群、"分工协作式"机场群和"集团式"机场群；其三提出了区域机场群发展的政策建议。

二、主要创新点

在前人研究基础上，本书主要做了以下几个方面的贡献：

（1）对"多机场系统"和"机场群"概念进行了界定。在总结前人研究经验的基础上，提出全新的适合我国国情与未来区域经济发展以及航空运输需求的区域机场群系统的概念。

（2）研究了区域经济与民航运输发展的双向影响机制；引入旅客心理构造机场属性函数分析机场分布密集区航空客流分布特征；引入非期望产出评价机场运营效率。从上述三个方面论述了研究基于枢纽机场的区域机场群协调运行的必要性。

（3）构建基于非期望产出的机场运营效率评价模型，通过合理的决策单元和投入产出指标的选取，对长三角区域的机场运营效率进行系统性的评价研究，依据机场运营效率评价结果，提出具有针对性的提高长三角多机场区域机场整体运营效率的建议。

（4）对我国机场密集地区机场分布特点进行了分析，总结出以长三角机场群为代表的基于枢纽机场的区域机场群特征，给出区域机场群的形成机理；借鉴机场生命周期理论、"多智能体"理论给出机场群演化发展模型；以及机场群结构模型和符合我国国情的机场群协调运行机制和管理模式。

（5）对我国推进机场群战略实施，给出了相关政策和措施建议，重点研究了政府和行业管理当局在推动和促进我国机场群战略实施进程中的作用、相关政策和措施。

第二节　未来的研究展望

由于研究内容涉及面广，特别是机场管理体制等非学术性问题，研究难度较大，加上研究人员水平和经费所限，因此本书研究的理论深度受到了一定的限制。此外，由于区域经济、航空公司或者机场的运行数据具有商务机密性，因此数据收集受到一定限制，致使研究结论反映的现象可能存在滞后性。

本书涉及机场管理体制和运营管理等复杂的社会学内容，因此，书中的一些评述和建议，只代表本人进行学术探讨过程中形成的不成熟的理论观点，作为尝试性和创新性研究，文章错误在所难免，恳请得到专家学者们的指教。

本书将在现有基础上进一步展开深入的研究，以期形成更加完整的理论体系。研究内容包括以下方面：

（1）结合区域经济和产业分布，从经济学角度深入研究区域经济与机场规模的关联性，为研究构建机场群管理机制奠定经济学理论基础。

（2）本书仅针对航班延误影响下的机场运营效率水平进行了例证，这主要是考虑数据的可获得性，但对机场运营效率的评价研究有一定的局限性。实际上在机场运营过程中受到噪声、有害气体排放物、机场垃圾等各种非期望产出因素的影响，找寻并分析这些因素影响下机场运营效率的变化规律对于改善机场效率，增强机场竞争力同样重要，这些内容有待进一步研究。其次，所采用的非参数方向性距离函数法虽然能够较好地解释非期望产出存在下技术效率的度量问题，但仍然存在识别有效企业的能力较弱以及较大的松弛性问题，如何改善是进一步研究的方向。因此构建机场运营效率影响因素分析模型及评价指标体系，为清晰反映机场运营特性及科学全面分析机场运行效率奠定理论基础。

（3）运用现代运筹学理论、网格理论、协同决策理论，研究构建机场群空中、地面（跑道）协作运行的理论框架，为研究其协同运行管理提供先进的理论。

（4）机场群协同运行和管理的具体实践性措施。

最后愿本书的研究成果能够起到抛砖引玉的作用，为今后研究工作的进一步展开提供帮助，也愿意与广大志同之士一同携手，为如何构建协调运行的区域机场群系统而共同努力！

参考文献

[1] 柏明国, 朱金福, 姚韵. 枢纽航线网络的构建方法及应用[J]. 系统工程, 2006, 24(5): 29-34.

[2] 百度百科. 上海浦东国际机场简介[EB/OL]. http://baike.baidu.com/view/176714.htm.

[3] 百度百科. 上海虹桥国际机场简介[EB/OL]. http://baike.baidu.com/view/956435.htm.

[4] 百度百科. 南京禄口国际机场2011年大记事[EB/OL]. http://www.njiairport.com.

[5] 百度百科. 杭州萧山国际机场简介[EB/OL]. http://www.hzairport.com/jcjj.aspx.

[6] 百度百科. 苏南硕放国际机场简介[EB/OL]. http://baike.baidu.com/view/4797717.htm.

[7] 百度百科. 宁波栎社国际机场简介[EB/OL]. http://baike.baidu.com/view/649975.htm.

[8] 百度百科. 常州奔牛国际机场简介[EB/OL]. http://baike.baidu.com/view/1452861.htm?fromId=3150141.

[9] 崔功豪. 城市地理学[M]. 南京: 江苏教育出版社, 1992.

[10] 陈宏民, 郭甘雨. 2000年上海航空客运需求量预测[J]. 系统工程理论方法应用, 1996, 2(5): 18-22.

[11] 陈守义. 长三角地区机场建设急需统筹整合[J]. 中国经贸导刊, 2004(5): 13-15.

[12] 陈维, 胡琪. 长三角区域一体化进程中的上海发展, 中国长江三角洲区域发展报告[M]. 北京: 社会科学文献出版社, 2005.

[13] 曹允春. 航空运输对区域经济发展的影响分析[J]. 综合运输, 2007(3): 43-47.

[14] 陈世林, 胡明华. 一种新的基于贪婪法的CDM时隙分配最优化算法[J]. 系统工程理论与实践, 2008, 28(10): 144-149.

[15] 都业富. 航空运输管理预测[M]. 北京: 中国民航出版社, 2001.

[16] 杜豫川, 孙立军, 黄仕进. 混合交通体系中弹性需求的网络平衡分析[J]. 同济大学学报(自然科学版), 2003, 31(8): 921–925.

[17] 杜豫川, 孙立军, 黄仕进. 运用连续平衡分配模型分析竞争性公共交通枢纽设施的市场份额[J]. 中国公路学报, 2004, 17(3): 103–104.

[18] 都业富, 朱新华, 冯敏. DEA方法在中国民用机场评价中的应用研究[J]. 中国民航大学学报, 2006, 12(4): 21–25.

[19] 董云龙. 空中交通流量管理资源公平分配算法研究[D]. 南京: 南京航空航天大学, 2007.

[20] 冯亦珍, 慎海雄. 机场密度超过美国[N]. 科技日报, 2003-12-14.

[21] 飞常准. 机场航班延误[EB/OL]. http://www.veryzhun.com/.

[22] 方云根, 高金华. 长江三角洲地区机场现状分析及优化建议[J]. 中国民航学院学报, 2004, 22(5): 32–34.

[23] 方创琳, 姚士谋, 刘盛和, 等. 中国城市群发展报告[M]. 北京: 科学出版社, 2010.

[24] 方创琳. 中国城市群研究取得的重要进展与未来发展方向[J]. 地理学报, 2014, 69(8): 1130–1144.

[25] 傅志寰, 陆化普. 城市群交通一体化理论研究与案例分析[M]. 北京: 人民交通出版社, 2016.

[26] 国务院. 国务院关于促进民航业发展的若干意见[EB/OL]. http://www.gov.cn/zwgk/2012-07/12/content_2181497.htm.

[27] 国务院. 省(区、市)民用机场管理体制和行政管理体制改革实施方案[EB/OL]. http://www.gov.cn/gongbao/content/2003/content_62433.htm.

[28] 国务院. 国务院关于进一步推进长江三角洲地区改革开放和经济社会发展的指导意见[EB/OL]. http://www.gov.cn/zwgk/2008-09/16/content_1096217.htm.

[29] 郭兆晖, 李普, 廉桂萍. 对欧盟民航业碳排放收费问题的透视[J]. 内蒙古大学学报(哲学社会科学版), 2010, 42(3): 12–16.

[30] 国务院. 中华人民共和国国民经济和社会发展第十三个五年规划纲要[EB/OL]. http://www.xinhuanet.com/politics/2016lh/2016-03/17/c_1118366322_21.htm.

[31] 国际机场协会. 官方网站资料[EB/OL]. http://www.airports.org/cda/aci/.

[32] 韩慧琴. 浅析我国航空运输产业之产业关联度[J]. 法制与社会, 2009, (11): 122–124.

[33] 胡序威, 周一星, 顾朝林, 等. 中国沿海城镇密集地区空间集聚与扩散研究[M]. 北京: 科学出版社, 2000.

[34] 黄佳. 机场枢纽与竞争力[M]. 北京: 北京交通大学出版社, 2011: 175.

[35] 胡序威. 应厘清与城镇化有关的各种地域空间概念[J]. 城市发展研究, 2014, 21(11): 1–4.

[36] 景国胜. 城市区域性交通改善规划与可持续发展的关系[J]. 城市规划, 2000, 24(3): 15–16.

[37] 焦朋朋. 机场旅客吞吐量的影响机理与预测方法研究[J]. 交通运输系统工程与信息, 2005, 5(1): 107–110.

[38] 简-戈特曼. 大城市连绵区: 美国东北海岸的城市化[J]. 李浩, 陈晓燕, 译. 国际城市规划, 2007, 22(5): 2–7.

[39] 靳庭良. ADF检验与PP检验的可靠性比较[J]. 理论新探, 2007(7): 8–10.

[40] 刘英. 浅谈我国民航主要运输指标增长速度与GDP增长速度的关系[J]. 民航经济与技术, 2000(9): 8–10.

[41] 陆大道. 中国区域发展的理论与实践[M]. 北京: 科学出版社, 2003.

[42] 连玉明, 武建忠. 中国国力报告[M]. 北京: 中国时代经济出版社, 2005.

[43] 连玉明. 中国城市年度报告[M]. 北京: 中国时代经济出版社, 2005.

[44] 李兰冰, 刘秉镰. 我国对外开放机场的动态生产效率研究[J]. 中国工业经济, 2007, 12(10): 29–36.

[45] 刘宏鲲, 周涛. 中国城市航空网络的实证研究与分析[J]. 物理学报, 2007, 56(1): 106–112.

[46] 李雄, 刘光才, 颜明池, 等. 航班延误引发的航空公司及旅客经济损失[J]. 系统工程, 2007, 25(12): 20–23.

[47] 刘晓明. 不确定环境下基于智能计算的航空客流分布性研究[D]. 南京: 南京航空航天大学, 2008.

[48] 马园园, 胡明华, 尹嘉男, 等. 多机场终端区进离场交通流协同排序方法[J]. 航空学报, 2017, 38(2): 225–237.

[49] 倪绍祥. 南京禄口机场土地利用规划探讨[J]. 资源科学, 1998, 20(3): 40–47.

[50] 彭语冰, 张姿. 京津机场协调运营发展战略研究[J]. 交通企业管理, 2007(12): 19–20.

[51] 秦占欣, 石磊. 世界民航业的发展趋势与中国民航的战略选择[J]. 管理世界,

2004(3): 137-138.

[52] 日本总务省统计局统计调查部. 国势调查报告[R]. 东京: 日本总务省, 1995.

[53] 荣跃明, 徐之顺, 谢利根. 转方式 调结构 促增长: 长江三角洲区域经济社会协调发展研究[M]. 上海: 上海人民出版社, 2010.

[54] 沈兰成. 关于业绩控制及评价制度在首都机场的运用的研究[J]. 民航经济与技术, 1999(9): 12-14.

[55] 宋伟, 杨卡. 民用航空机场对城市和区域经济发展的影响[J]. 地理科学, 2006, 26(6): 650-657.

[56] 孙新宪, 胡建琦. 基于DEA聚类分析的我国中西部机场经营模式研究[J]. 统计与决策, 2006(10): 26-29.

[57] 孙永强. 再说长三角机场联盟[J]. 空运商务, 2007, 199(12): 7-9.

[58] 汤小俊. 18亿亩耕地底线能守住吗?[J]. 中国土地, 2007(2): 6-11.

[59] 武伟, 宋欢昌. 论铁路经济带的组成因素及其作用机制[J]. 地理学与国土研究, 1997, 13(2): 18-23.

[60] 王为人. 临海与临空经济区发展的国际经验与上海南汇东滩开发的产业定位[J]. 世界地理研究, 2001(12): 47-53.

[61] 吴建平. 社会心理学[M]. 北京: 中国农业大学出版社, 2005.

[62] 翁亮, 田琳, 刘晏滔. 京津冀区域多机场系统的和谐发展之路[J]. 2007(10): 25-29.

[63] 翁亮, 田琳. 区域多机场系统协调发展的理论分析[J]. 民航管理, 2007, 195(1): 46-48.

[64] 许学强. 现代城市地理学概论[M]. 北京: 高等教育出版社, 2005.

[65] 徐肖豪, 王飞. 地面等待策略中的时隙分配模型与算法研究[J]. 航空学报, 2010, 31(10): 1993-2003.

[66] 姚士谋. 中国大都市空间的空间扩展[M]. 合肥: 中国科学技术大学出版社, 1997.

[67] [英]埃比尼泽·霍华德. 明日的田园城市[M]. 金经元, 译. 北京: 商务印书馆, 2000.

[68] 叶舟, 李忠民, 李晓峰. 中国民航发展与国民经济增长关系的实证分析[J]. 天津理工大学学报, 2005, 21(5): 81-84.

[69] 严以新. 基于可持续发展观的珠江三角洲港口资源整合研究[D]. 南京: 河海大

学, 2005.

[70] 姚士谋, 陈振光, 朱英明, 等. 中国城市群[M]. 合肥: 中国科学技术大学出版社, 2006.

[71] 杨松, 王威. 航空业运输量增长与国内生产总值增长的关系研究[J]. 中国民用航空, 2006(1): 47-50.

[72] 杨尚文, 胡明华, 张洪海, 等. 机场终端区容流调配鲁棒优化模型[J]. 航空计算技术, 2012, 42(3): 20-25.

[73] 杨尚文, 胡明华, 张洪海. 随机型协同时隙分配模型[J]. 系统工程理论与实践, 2014, 34(1): 153-157.

[74] 尹嘉男, 胡明华, 张洪海, 等. 多跑道协同运行模式优化方法[J]. 航空学报, 2014, 35(3): 795-806.

[75] [英]帕特里克·格迪斯. 进化中的城市: 城市规划与城市研究导论[M]. 北京: 中国建筑工业出版社, 2018.

[76] 中国民用航空局. 2011年民航行业发展统计公告[EB/OL]. http: //www. caac. gov. cn/I1 /K3/201205/ P020120507306080305446. pdf.

[77] 中国民用航空局. 全国民用机场布局规划[EB/OL]. http: //www. caac. gov. cn/I1/I2/200808/t20080819_18371. html.

[78] 中国民用航空局. 中国民用航空发展第十二个五年规划[EB/OL]. http: //www. caac. gov. cn/ I1/I2/201105/t20110509_39615. html.

[79] 中国民用航空局规划发展计划司. 从统计看民航[M]. 北京: 中国民航出版社, 1995-2013.

[80] 中国民用航空局, 中华人民共和国财政部. 民航中小机场补贴管理暂行办法[EB/OL]. http: //www. caac. gov. cn/dev/cws/ZWGK/200808/t20080819_18367. html.

[81] 中国民用航空局. 关于加强国家公共航空运输体系建设的若干意见[EB/OL]. http: //govinfo. caac. gov. cn/000014170/201107/t20110713_10912. htm.

[82] 中华人民共和国国家统计局. 中国统计年鉴[M]. 北京: 中国统计出版社, 2003-2012.

[83] 中国民用航空局. 研究南通兴东机场建设发展问题[EB/OL]. http: //baike. baidu. com/view/967489. htm.

[84] 中华人民共和国国家发展和改革委员会发展规划司. 国家新型城镇化规划(2014-2020年)[EB/OL]. http: //www. gov. cn/zhuanti/xxczh/.

[85] 张文尝, 金凤君, 樊杰. 交通经济带[M]. 北京: 科学出版社, 2002.

[86] 周蓓, 孙华程. 我国民航运输机场格局与旅游资源分布状况初探[J]. 中国民航大学学报, 2005, 16(3): 32–35.

[87] 周沁, 张军. 机场流量管理模型的公平性与有效性研究[J]. 中国科技信息, 2005(4): 116–126.

[88] 张越, 胡华清. 区域机场整合: 机场业的发展战略和趋势[J]. 综合运输, 2006(5): 25–30.

[89] 张越. 探讨中国机场网络布局的合理性[J]. 国际航空, 2006(11): 39–41.

[90] 张越, 胡华清. 基于Malmquist生产力指数的我国民用机场运营效率分析[J]. 系统工程, 2006, 24(12): 40–45.

[91] 张宁. 基于交通资源优化配置的机场群整合问题[J]. 综合运输, 2007(6): 16–20.

[92] 张越, 胡华清, 赵闯. 世界主要区域多机场系统发展现状及存在的问题[J]. 中国民用航空, 2007, 79(7): 48–50.

[93] 张越, 胡华清. 美国东北部多机场系统运营管理模式[J]. 综合运输, 2007(4): 70–74.

[94] 张越, 胡华清. 区域多机场系统的英国模式[J]. 综合运输, 2007(6): 78–80.

[95] 张越, 胡华清. 区域多机场系统整合运营模式研究[J]. 民航管理, 2007, 195(1): 41–45.

[96] 张越, 胡华清. 珠三角地区五大机场的协调运营模式[J]. 综合运输, 2007(7): 28–32.

[97] 张越. 珠江三角洲区域多机场系统协调运营有关问题的研究[D]. 上海: 同济大学, 2007.

[98] 朱方海, 凌建明, 郝航程, 等. 机场建设_一市多场_模式研究[J]. 中国民航大学学报, 2007, 25(2): 59–61.

[99] 赵彩凤, 吴彦丽. 中国区域多机场系统旅客吞吐量预测方法研究[J]. 中国民航大学学报, 2008, 26(6): 56–60.

[100] 赵磊. 飞机进港时隙分配机制的有效性与公平性研究[C]. 第四届中国智能交通年会. 山东: 青岛, 2008.

[101] 张荣, 胡明华, 张洪海. 协同式地面等待程序中时隙公平分配研究[J]. 交通与计算机, 2008, 26(5): 62–65.

[102] 张洪海. 机场终端区协同流量管理关键技术研究[D]. 南京: 南京航空航天大

学, 2009.

[103] 张蕾, 陈雯, 宋正娜, 等. 机场运营与区域经济增长关联性_以南京禄口机场国际机场为例[J]. 地理科学进展, 2010, 29(12): 1570-1576.

[104] Ashford N. Airport management in a changing economic climate[J]. Transportation Planning and Technology, 1994(18): 57-63.

[105] Anthony T. H. Chin, John H. Tay. Developments in air transport: Implications on investment decisions, profitability and survival of Asian airlines[J]. Journal of Air Transport Management, 2001(7): 319-330.

[106] ACI. Airports Council International World Report[R]. Geneva, Switzerland: Airports Council International, 2002.

[107] Air Transport Action Group(ATAG). The Economic and Social Benefits of Air Transport [R]. Geneva, Switzerland, 2005.

[108] Ball MO., Dahl R., Stone L., Thompson T. Optiflow build-I design document, version 1. 5[R]. Optiflow Project Report to the FAA, 1993.

[109] Bradley M A. Behavioral models or airport choice and air route choice. In: Juan de Dios Ortuzar, David Hensher and Sergio Jara-Diaz eds. Travel Behavior Research: Updating the State of Play[M]. Amsterdam: Elsevier, 1998: 141-159.

[110] Bradley M A. Behavioural models or airport choice and air route choice [A]. In J. de, Ortuzar D, Hensher D, & Jara-Diaz S. Travel behavior Research: Updating the state of play [C]. Amsterdam: Elsevier, 1998.

[111] Brueckner JK. Airline traffic and urban economic development[J]. Urban Studies, 2003, (40): 1455-1469.

[112] Bazargan, M. Size Versus Efficiency: A Case Study of us Commercial Airports [J]. Journal of air transport management, 2003, 9(2): 187-193.

[113] Basar G, Bhat C R. A parameterized consideration set model for airport choice: an application to the San Francisco Bay area [J]. Transportation Research B, 2004(38): 889-904.

[114] Bechy P. Y. Loo, H. W. Ho, S. C. Wong. An application of the continuous equilibrium modeling approach in understanding the geography of air passenger flows in a multi-airport region [J]. Applied Geography, 2005(25): 179-180.

[115] Balakrishnan H. Techniques for reallocating airport resources during adverse

weather [C]. Proc of the IEEE Conference on Decision and Control, New Orleans, USA, 2007.

[116] Ball MO, Hoffman RL, Mukherjee, A. Ground delay program planning under uncert ainty based on the ration-by-distance porinciple [J]. Transportation Science, 2010, 44(1): 1–14.

[117] Crespo AMF, Weigang L, Barros AG de. Reinforcement learning agents to tactical air traffic flow management [J]. International Journal of Aviation Management, 2012, 1(3): 145–161.

[118] Dickinson R. The City Region in Western in Europe [M]. London: 1967.

[119] De Neufville, R., Odoni, A. Airport Systems: Planning, Design and Management [M]. New York: Mc Graw Hill, 2003.

[120] Engle RF, Granger CWJ. Co-integration and error correction: Representation [J]. Estimation and Testination Econometrica, 1987(55): 251–276.

[121] Erwin A. Blackstone, Andrew J. Buck, Simon Hakim. Determinants of Airport Choice in a Multi-Airport Region [J]. Atlantic Economic Journal, 2006.

[122] FAWCETT CB. Distribution of the urban population in Britain in 1931 [J]. Geographical Journal, 1932(1): 101–116.

[123] Fleming K, Ghobrial A. An analysis of the determinants of regional air travel demand [J]. Transportation Planning and Technology, 1994(18): 37–44.

[124] Furuichi M, Koppelman F S. An analysis of air travelers departure airport and destination choice behavior [J]. Transportation Research A, 1996, 28(3): 187–195.

[125] Fernandes, E. Efficient Use of Airport Capacity [J]. Transportation Research A, 2002, 36(12): 225–238.

[126] Fare R, Grosskopf S. Modeling undesirable factors in efficiency evaluation: comment [J]. European Journal of Operational Research, 2004, 157(1): 242–245.

[127] Federal Aviation Administration. The Airport System Planning Process [R], 2004.

[128] Gottman J. Megalopolis or the Urbanization of the Northeastern Seaboard [J]. Economic Geography, 1957, 33(7): 31–40.

[129] Goetz AR. Air passenger transportation and growth in the US urban system:

1950-1987[J]. Growth and Change, 1992(23): 218-242.

[130] Gillen D., Lall A. Developing Measures of Airport Productivity and Performance: An Application of Data Envelopment Analysis[J]. Transportation Research Part E, 1997, 21(4): 121-125.

[131] Garriga J. Airport Dynamics Towards Airport Systems[C]. Airport Regions Conference(ARC). 2003: 13-17.

[132] Huddleston JR, Pangotra PP. Regional and local economic impacts of transportation investments[J]. Transportation Quarterly, 1990, 44(4): 579-594.

[133] Hansen M., Weidner T. Multiple Airport Systems in the United States: Current Status and Future Prospects[J]. Transportation Research Record, 1995, (1506): 8-17.

[134] Hollowya, D. S. T. Straight and level: Practical air line economics[M]. Ashgate Publishing Limited, 1997.

[135] Houston Airport System. 2003 Economic Impact Study[R]. City of Houston Aviation Department, 2004.

[136] Hess S., Polak J W. Mixed Logit modeling of airport choice in multi-airport regions [J]. Journal of Air Transport Management, 2005, 11(2): 59-68.

[137] Jean Gottman. Megalopolis, or the urbanization of the northeastern seaboard[J]. Economic Geography, 1957(33): 189-200.

[138] Joseph, S. Performance Based Clustering for Benchmarking of US airports[J]. Transportation Research A, 2004, 38(8): 329-346.

[139] Jarvis Peter, Wolfe Shawn, Enomoto Francis, Nado Robert, Sierhuis Maarten. A centralized multi-agent negotiation approach to collaborative air traffic resource management planning[C]. Proceeding of the National Conference on Artificial Intelligence. Karlsruhe, Germany, 2010.

[140] Keith GD. Air transportation and urban-economic restructuring: competitive advantage in the US Carolinas[J]. Journal of Air Transportation Management, 1999(5): 211-221.

[141] Lindmark M, Vikstrom P. Global convergence in productivity-A distance function approach to technical change and efficiency improvements[C]. Catching-up Growth and Technology Transfers in Asia and Western Europe. Groningen, 2003:

17-20.

[142] Lin, L. C, Hong, C. H. Operational Performance Evaluation of International Major Airports: An Application of Data Envelopment Analysis [J]. Journal of Air Transport Management, 2006, 12(12): 236-239.

[143] Michael T. Urbanization in the world-economy [M]. London: Emerald Group Publishing Limited, 1985.

[144] Masahiko Furuichi, Frank S. Koppelman. An analysis of air travelers' departure airport and destination choice behavior [J]. Transportation Research, Part A: Policy and Practice, 1994, 128(3): 187-195.

[145] Martín, J. C, Román, C. An Application of DEA to Measure the Efficiency of Spanish Airports Prior to Privatization [J]. Journal of Air Transport Management, 2001, 36(7): 108-116.

[146] Odoni A R. The flow management problem in air traffic control [M]. Heidelberg: Spring Berlin Heigelberg, 1987.

[147] Oussedik S, Delahaye D. Reduction of air traffic congestion by genetic algorithms [C]. International Conference on Parallel Problem Solving from Nature. Heidelberg Berlin, 1998.

[148] Pels, E., Nijkamp, P. & Rietveld, P. Airport and airline choice in a multiple airport region: An empirical analysis for the San Francisco Bay Area [J]. Regional Studies, 2001, 35(1): 19.

[149] Pels, E., Nijkamp, P., Rietveld, P. Airport and airline choice in a multiple airport region: An empirical analysis for the San Francisco Bay Area [J]. Regional Studies, 2001, 35(1): 1-9.

[150] Pulugertha S S, Nambisan SS. Using genetic algorithms to evaluate aircraft ground holding policy under static condition [J]. Journal of transportation engineering, 2001, 127(5): 433-441.

[151] Pels, E., Nijkamp, P., Rietveld, P. Access to a competition between airports: A case study for the San Francisco Bay Area [J]. Transportation Research A, 2003, 37(1): 71-83.

[152] Pels, E. Inefficiencies and Scale Economies of European Airport Operations [J]. Transportation Research E, 2003, 39(1): 341-361.

[153] Picazo-Tadeo A J, Reig-Martinez E, Hernandez-Sancho F. Directional distance functions and environmental regulation[J]. Resource and Energy Economics, 2005, 27(2): 131-142.

[154] Philippe A. Bonnefoy, R. John Hansman. Scalability and Evolutionary Dynamics of Air Transportation Networks in the United States[C]. Integration and Operations Conference, American Institute of Aeronautics and Astronautics, 2007.

[155] Philippe A. Bonnefoy, R. John Hansman. Scalability of the air transportation system and development of multi-airport systems: a worldwide perspective [Dissertation]. USA: Massachusetts Institute of Technology, 2008.

[156] Rubin, D., Fagan, L. N. Forecasting air passengers in a multi-airport region [A]. In Transportation Research Board, National Research Council(Ed.). Airport and air transport planning[C]. Washington, DC: Transportation Research Board, 1976: 1-5.

[157] Rassenti S, Smith V, Bulfin R. A combinatorial auvtion mechanism for airport time slot allocation[J]. The Bell Journal of Economics, 1982, 13(2): 402-417.

[158] R. Ramanathan. The long-run behaviour of transport performance in India: a co-integration approach[J]. Transportation Research Part A, 2001(35): 309-320.

[159] Ryan Tam., R. John Hansman. An analysis of the dynamics of the US commercial air transportation system., Report NO. ICAT-2003-2[R]. MIT International Center for Air Transportation, 2003.

[160] Ribeiro VF, Weigang L. Collaborative dicision making with game theory for slot all ocation and departure sequencing in airports[C]. 17th Air Transport Research Society World Conference. Bergamo, Italy, 2013.

[161] Shephard R W. Cost and Production Functions[M]. Princeton: Princeton University Press, 1953.

[162] Skinner Jr. Airport choice an empirical study[J]. Transportation Engineering Journal, 1976(102): 871-883.

[163] Sarkis, J. An analysis of the operational efficiency of major airport in the United States[J]. Journal of Operations Management, 2000(18): 335-351.

[164] Seiford L M, Zhu J. Modeling undesirable factors in efficiency evaluation[J].

European Journal of Operational Research, 2002, 142(1): 16-20.

[165] Seiford L M, Zhu J. A response to comments on modeling undesirable factors in efficiency evaluation [J]. European Journal of Operational Research, 2005, 161(2): 579-581.

[166] Schummer J, Vohra RV. Assignment of arrival slots [J]. American Economic Journal, Microeconomics, 2013, 5(2): 164-185.

[167] Thompson and Caves. The projected market share for a new small airport in the south of England [J]. Regional Studies, 1993(27): 137-147.

[168] Van den BengL, Van Klink HA, Pol PMJ. Airports as centres of economic growth [J]. Transport Reviews, 1996, 16(1): 55-65.

[169] Vossen T, Ball M. Optimization and mediated bartering models for ground delay programs [J]. Naval Research Logistics, 2005, 53(1): 75-90.

[170] Wardrop J G. Some theoretical aspects of road traffic research [C]. Proc Institution of Civil Engineers(Part II), 1952, 429-437.

[171] Windle, R, Dresner, M. Airport choice in a multiple airport region [J]. ASCE Journal of Transportation Engineering, 1995(21): 332-337.

[172] Windle R, Dresner M. Airport choice in multiple-airport regions [J]. Journal of Transportation Engineering, 1995, 121(4): 332-337.

[173] Wong S C, Yang H. Determining market areas captured by competitive facilities: A continuous equilibrium modeling approach [J]. Journal of Regional Science, 1999(39): 51-72.

[174] Wong SC, Du Y C, Ho H W, et al. A simultaneous optimization formulation of the discrete/continuous transportation system [J]. Journal of Transportation Research Board: Transportation Research Record, 2003(1875): 11-20.

[175] Weigang L, Dib M V P, Alves DP, et al. Intelligent computing methods in air traffic flow management [J]. Transportation Research Part C: Emerging Technologies, 2010, 18(5): 781-793.

[176] Zaim O. Measuring environmental performance of state manufacturing through changes in pollution intensities: A DEA framework [J]. Ecological Economics, 2004, 48(1): 37-47.

附录 1

我国干线机场

各所辖管理局	各省所辖干线机场数量	干线机场名称
东北管理局 1 个	吉林 1 个	延吉
华北管理局 5 个	山西 1 个	运城
	内蒙古 4 个	包头、赤峰、呼伦贝尔、鄂尔多斯
华东管理局 14 个	山东 3 个	威海、临沂、烟台
	江苏 8 个	常州、连云港、南通、盐城、淮安、徐州、扬州、无锡
	浙江 2 个	义乌、舟山
	江西 1 个	赣州
中南管理局 8 个	广东 3 个	珠海、湛江、揭阳
	广西 2 个	北海、柳州
	湖北 2 个	宜昌、襄阳
	湖南 1 个	张家界
西南管理局 8 个	贵州 3 个	遵义、毕节、铜仁
	云南 4 个	丽江、西双版纳、德宏、大理
	四川 1 个	绵阳
西北管理局 1 个	陕西 1 个	榆林
新疆管理局 5 个	新疆 5 个	喀什、伊宁、库尔勒、和田、阿克苏

附录2 我国支线机场

各所辖管理局	各省所辖支线机场数量	支线机场名称
东北管理局15个	黑龙江9个	牡丹江、佳木斯、齐齐哈尔、黑河、漠河、大庆、伊春、鸡西、建三江
	吉林1个	长白山
	辽宁5个	丹东、锦州、朝阳、长海、鞍山
华北管理局12个	河北3个	邯郸、秦皇岛、唐山
	山西3个	长治、大同、吕梁
	内蒙古6个	满洲里、乌海、通辽、乌兰浩特、锡林浩特、二连浩特
华东管理局17个	山东4个	东营、潍坊、济宁、日照
	安徽3个	黄山、安庆、阜阳
	浙江2个	台州、衢州
	福建3个	泉州、武夷山、连城
	江西5个	九江、上饶、景德镇、井冈山、宜春
中南管理局14个	广东2个	梅县、佛山
	广西2个	梧州、百色
	河南2个	洛阳、南阳
	湖北3个	恩施、神农架、武当山
	湖南5个	衡阳、邵阳、常德、怀化、永州

续表

各所辖管理局	各省所辖支线机场数量	支线机场名称
西南管理局27个	贵州6个	兴义、六盘水、安顺、黎平、黔南州、凯里
	云南7个	迪庆、保山、思茅、临沧、文山、昭通、腾冲
	西藏3个	林芝、昌都、阿里
	重庆2个	黔江、万州
	四川9个	九寨、西昌、攀枝花、宜宾、泸州、达州、南充、甘孜、广元
西北管理局14个	甘肃7个	敦煌、嘉峪关、庆阳、天水、张掖、金昌、甘南
	陕西3个	延安、汉中、安康
	宁夏2个	中卫、固原
	青海2个	格尔木、玉树
新疆管理局10个	新疆10个	阿勒泰、库车、克拉玛依、布尔津、那拉提、塔城、且末、哈密、博乐、吐鲁番

附录3 离港旅客对机场评价问卷调查表

上海机场、南京禄口国际机场、杭州萧山国际机场离港旅客对机场评价问卷调查表（一）

单选：

1. 您的性别：□男　　　　　　□女
2. 您的年龄：□18岁及以下　□19~29岁　　□30~39岁
　　　　　　□40~49岁　　　□50~59岁　　□60岁及以上
3. 您所在行业：□政府机关　　□国有企业　□外企
　　　　　　　□民营企业　　□学生　　　□其他
4. 您的学历：□高中及以下　□大专　　　□本科
　　　　　　□硕士　　　　□博士
5. 您的月收入（元）：□1500元以下　　　　□1501~2999元
　　　　　　　　　　□3000~4499元　　　□4500~6000元
　　　　　　　　　　□6001~8000元　　　□8000元以上
6. 您此次出行选择的离港机场是：
　　　　□上海浦东国际机场　　　　□上海虹桥国际机场
　　　　□南京禄口国际机场　　　　□杭州萧山国际机场

7. 您乘坐飞机外出的目的：□公务　　　　　　　□旅游

　　　　　　　　　　　　　□探亲访友　　　　□学习/教育　　□其他

8. 您是否第一次坐飞机：□是　　　　　　　　□否

9. 您平均坐飞机的次数：□1个月几次　　　　□一个月1次

　　　　　　　　　　　　□2~5个月1次　　　□5个月以上1次

10. 您获取航班信息的途径：□互联网　　　　　□热线电话

　　　　　　　　　　　　　□亲朋好友

11. 您选乘航班的因素是（可多选），并将下列因素按影响程度进行排序（在选项后标注顺序号1、2、3、4、5、6即可）：

□航班频率　　　□航班准点率　　　　□票价

□机场服务（如有规律的航班最新情况广播、机场卫生、托运行李的管理）

□特殊设施（母婴室、吸烟室、饮水区等）

□到达离港机场的地面交通时间

12. 其他朋友对您选择的离港机场及航班信息的意见与看法，会影响到您对此离港机场的选择行为吗？

□从没有　　　　　　□极少　　　　　□有时

□有一半概率以上　　□几乎每次

13. 您对机场周边交通的满意度：（矩阵单选题，打√即可）

选项	非常不满意	不满意	比较满意	非常满意	没有考虑
与城市交通连接便捷性					
机场巴士发车频率及准点率					
公交、出租车的等候时间					
停车位数量					
停车场收费					

14. 您对机场环境与设施的满意度:(在选项后打√即可)

选项	非常不满意	不满意	比较满意	非常满意	没有考虑
航站楼内视觉环境					
引导标识与公共告示					
航班信息显示					
洗手间清洁度及位置					
行李手推车的数量					
无障碍设施					
娱乐休闲设施					

15. 您对机场办理乘机手续服务满意度:(在选项后打√即可)

选项	非常不满意	不满意	比较满意	非常满意	没有考虑
等待时间和服务效率					
问询引导服务					

16. 您对机场安全检查满意度:(在选项后打√即可)

选项	非常不满意	不满意	比较满意	非常满意	没有考虑
安检等待时间和服务效率					
安检人员的态度和举止					
机器/手工检查时的友好程度					

17. 您对机场零售餐饮店商品与服务满意度:(在选项后打√即可)

选项	非常不满意	不满意	比较满意	非常满意	没有考虑
商品品种多样性					
商店工作人员服务					
商品价格					

18. 您对机场行李服务满意度:(在选项后打√即可)

选项	非常不满意	不满意	比较满意	非常满意	没有考虑
行李提取等待时间					
行李差错率					

19. 当出现航班延误时您对机场应急处理的服务满意度:(在选项后打√即可)

选项	非常不满意	不满意	比较满意	非常满意	没有考虑
延误航班信息沟通					
延误航班签转或退票手续办理					
延误航班旅客情绪安抚					

注:没有考虑,非常不满意,不满意,满意,非常满意,依次计分为1,2,3,4,5分。

上海机场、南京禄口国际机场、杭州萧山国际机场离港旅客对机场评价问卷调查表（二）

您此次没有选择离港的机场：□上海浦东机场　　□上海虹桥机场
　　　　　　　　　　　　　□南京禄口机场　　□杭州萧山机场

请依次对此次没有使用的机场进行评价，您将对（A.上海浦东机场；B.上海虹桥机场；C.南京禄口机场；D.杭州萧山机场）进行评价（一人一式三份）。

1. 您没有在此机场选乘航班的因素是（可多选）：
   □航班频率　　　　□航班准点率　　　□票价
   □机场服务（如有规律的航班最新情况广播、机场卫生、托运行李的管理）
   □特殊设施（母婴室、吸烟室、饮水区等）
   □到达离港机场的地面交通时间

2. 您对机场周边交通的满意度：（矩阵单选题）（在选项后打√即可）

选项	非常不满意	不满意	比较满意	非常满意	没有考虑
与城市交通连接便捷性					
机场巴士发车频率及准点率					
公交、出租车的等候时间					
停车位数量					
停车场收费					

附录3 离港旅客对机场评价问卷调查表

3. 您对机场环境与设施的满意度：(在选项后打√即可)

选项	非常不满意	不满意	比较满意	非常满意	没有考虑
航站楼内视觉环境					
引导标识与公共告示					
航班信息显示					
洗手间清洁度及位置					
行李手推车的数量					
无障碍设施					
娱乐休闲设施					

4. 您对机场办理乘机手续服务满意度：(在选项后打√即可)

选项	非常不满意	不满意	比较满意	非常满意	没有考虑
等待时间和服务效率					
问询引导服务					

5. 您对机场安全检查满意度：(在选项后打√即可)

选项	非常不满意	不满意	比较满意	非常满意	没有考虑
安检等待时间和服务效率					
安检人员的态度和举止					
机器/手工检查时的友好程度					

6. 您对机场零售餐饮店商品与服务满意度：(在选项后打√即可)

选项	非常不满意	不满意	比较满意	非常满意	没有考虑
商品品种多样性					
商店工作人员服务					
商品价格					

7.您对机场行李服务满意度:(在选项后打√即可)

选项	非常不满意	不满意	比较满意	非常满意	没有考虑
行李提取等待时间					
行李差错率					

8.当出现航班延误时您对机场应急处理的服务满意度:(在选项后打√即可)

选项	非常不满意	不满意	比较满意	非常满意	没有考虑
延误航班信息沟通					
延误航班签转或退票手续办理					
延误航班旅客情绪安抚					

注:没有考虑,非常不满意,不满意,满意,非常满意,依次为1,2,3,4,5分。